ÉDITIONS SAINT-SÉBASTIEN

-2016-

LES MAISONS-DIEU

LEURS STATUTS AU XIIIe SIÈCLE

I.

Dans le tableau où Jacques de Vitry retrace avec des couleurs si vives l'idéal de charité et de dévouement auquel étaient appelés à conformer leur vie les frères et les sœurs qui desservaient les hôpitaux du moyen âge, ces religieux nous sont dépeints comme soumis à la règle de saint Augustin [1]. Indépendamment de l'autorité qui s'attache aux écrits d'un prélat si bien au courant de l'histoire ecclésiastique de son temps, son témoignage est encore confirmé ici par celui de nombreux textes au premier rang desquels on doit placer la plupart des statuts hospitaliers. Souvent, en effet, ces statuts déclarent en propres termes que les religieux auxquels ils sont destinés doivent suivre la règle de saint Augustin [2], si bien que parfois ils renvoient à

[1] *Historia occidentalis*. Douai, 1597, in-8, p. 337 : *De hospitalibus pauperum et domibus leprosorum*.

[2] H Lacaille, *Quelques documents du XIIIe siècle conservés aux archives hospitalières de Rethel*, Arcis-sur-Aube, 1892, in-8 (Extr. de la *Revue de Champagne*), p. 8. Statuts de l'Hôtel-Dieu de Rethel, confirmés en 1247 par l'archevêque de Reims : « .... Regulam beati Augustini et ordinem quem voluntate et habitu assumpsistis.... confirmamus. » — Guignard, *Les Anciens statuts de l'Hôtel-Dieu-le-Comte de Troyes*, Troyes, 1853, in-8, p. 8, art. IV : « ... . Et communem vitam tenere secundum regulam beati Augustini » — De Bouis, *Les Constitutions le roi de France lesquels l'on doit garder en la meson Dieu de Vernon* (*Recueil des travaux de la Soc. libre de l'Eure*, 3e serie, t. V, 1857-1858, p. 558), art. II : «.... Facent profession selonc la règle saint Augustin. » — L. Le Grand, *La Règle de l'Hôtel-Dieu de Pontoise*, Paris, 1891, in-8, p. 32 : «.... Tous, tant frères que sœurs, selon la reigle de saint Augustin fassent profession. » — Bibl. municipale de Lille, ms. 70 : « Le riule saint Augustin à le requeste du maistre, des frères et des sereurs de l'hospital Nostre-Dame de Lille, laquele leur est otroie et donnée.... » C. Port, *Cartulaire de l'hôpital Saint-Jean d'Angers*, Paris, 1870, in-8. *Institutio domus pauperum Andegavensis*, art. 20 : « .... Preterea fratres vivent secundum regulam beati Augustini.... »

cette règle [1] pour compléter quelques-unes de leurs prescriptions [2].

Néanmoins ce serait une grave erreur d'en conclure, comme on l'a fait fréquemment, que les religieux hospitaliers du moyen âge appartenaient tous à un même ordre et formaient une seule congrégation, analogue, par exemple, aux sœurs de la Charité d'aujourd'hui. Il se constitua, il est vrai, quelques familles religieuses desservant plusieurs hôpitaux sous une direction commune, comme l'ordre du Saint-Esprit, qui se répandit surtout dans le Midi et dans l'Est; celui des Mathurins, qui posséda des Maisons-Dieu sur tous les points de la France, ceux de Saint-Jacques du Haut-Pas, de Roncevaux, des Frères de la Charité Notre-Dame, mais ce fut toujours là une exception, et l'immense majorité des hôpitaux représentaient autant de petites congrégations autonomes, absolument indépendantes les unes des autres, ayant leur vie propre, leurs statuts particuliers. Un seul point de contact existait entre ces congrégations, c'est à savoir que la règle spéciale qui régissait chacune d'elles était fondée sur les principes généraux de la règle de saint Augustin, qu'elle développait et complétait à sa guise. Tel est le sens qu'il faut attribuer au nom de *Fratres et Sorores ordinis sancti Augustini* sous lequel sont quelquefois désignés les religieux hospitaliers.

Il suffit de jeter un coup d'œil sur le texte auquel il est convenu de donner le nom de « Règle de saint Augustin » pour se convaincre que les constitutions religieuses qui l'ont pris pour base peuvent offrir entre elles les plus grandes variétés. C'est

[1] *Institutio domus pauperum Andegavensis*, ibid., art. 43 : « Que circa clericos minus dicuntur regula beati Augustini suplebit. »

[2] Parmi les documents qui, en dehors des statuts, prouvent que les congrégations hospitalières se rattachaient à la règle de saint Augustin, on peut citer les suivants : Lettre de l'évêque de Cambrai, du 3 juillet 1312, portant qu'à l'hôpital Saint-Jean de cette ville, chaque sœur, après un an de probation, « in manibus magistre, presente conventu, teneatur secundum beati Augustini regulam professionem facere regularem. » (Arch. hospital. de Cambrai, Saint-Jean, 393.) — 8 fév. 1365 (n. st.). Procès entre Odard de Fresnay et l'evêque d'Amiens au sujet de la maitrise de l'Hôtel-Dieu de Saint-Riquier : « Dicto Odardo et sororibus.... dicentibus quod.... erant fratres et sorores dicti hospitalis ordinis sancti Augustini, qui tenebantur facere tria vota.... » (Arch. nat X[1a] 20, fol. 81.) — 27 fév. 1393 (n. st.). Procès entre l'évêque de Beauvais et les religieux de l'Hôtel-Dieu de cette ville : « Dient que l'ostel est fondé notablement par un légat de court de Romme, de la règle de saint Augustin et de tels privilèges que l'ostel Dieu de Noyon.. . » (Arch. nat. X[1a] 1477, fol. 62.)

une simple lettre où l'évêque dicte à des religieuses un certain nombre de conseils propres à les guider dans la voie qu'elles ont choisie [1] ; on ne saurait voir dans ce document un code où saint Augustin aurait prétendu réunir un ensemble de prescriptions constituant un « ordre » religieux spécial. A l'exception de quelques préceptes particuliers, comme ceux de ne point sortir seules, de s'avertir mutuellement des fautes commises, de faire une lecture pieuse pendant les repas, de relire la règle une fois par semaine, les principes qu'il pose peuvent s'appliquer à toutes les congrégations religieuses. Il interdit de rien posséder en propre et recommande de porter des vêtements simples fournis par la communauté, il ordonne l'obéissance à la supérieure, la pratique du jeûne, le pardon des offenses, il exhorte les religieuses à la pureté, à l'humilité, à la douceur, à la charité et leur indique la manière de prier. Ce sont là des règles que tous ceux qui embrassent la vie religieuse, hommes ou femmes, doivent observer, et l'on comprend qu'un texte de ce genre ait pu donner naissance à de nombreuses constitutions particulières. C'est ainsi que d'un tronc commun sont sortis, comme autant de rameaux, les diverses congrégations de chanoines réguliers, les Prémontrés, les Dominicains, les Augustins proprement dits et tant d'autres ordres qui ont pour fondement de leurs statuts la règle de saint Augustin.

Les petites congrégations établies dans les différents hôpitaux sont venues prendre place auprès de ces grands ordres : au même titre qu'eux elles forment chacune un membre distinct de l'innombrable famille augustine.

Chez elles, ainsi que chez leurs aînés, la règle de leur père commun saint Augustin est comme le prologue de leurs règlements. On peut dire en effet que, dans toutes les associations religieuses qui sont réputées appartenir à l'ordre de saint Augustin, les constitutions se divisent en deux parties : la première, sorte de préface uniforme pour toutes, n'est autre que la règle même de saint Augustin ; la seconde renferme les prescriptions particulières appropriées au but spécial poursuivi par chacune de ces associations. Rien ne saurait mieux exprimer la relation qui existe entre les différentes congrégations augustines, et rien

[1] *Patrologie latine de Migne*, t. XXXIII, col. 960, lettre CCXI.

en même temps n'est plus conforme à la réalité, puisqu'en fait plusieurs manuscrits de statuts hospitaliers renferment la transcription de la règle de saint Augustin [1], et que la même chose se produit pour les recueils contenant les constitutions des divers ordres que nous énumérions tout à l'heure.

Par une exception probablement unique [2], un des hôpitaux les plus célèbres du moyen âge, celui de Roncevaux [3], n'avait pour règle que le texte pur et simple de la lettre de saint Augustin, dépourvu de tout commentaire, de toute addition [4]. Cette exception s'explique, à notre avis, par la composition spéciale du couvent de Roncevaux. D'après la formule de réception des religieux inscrite dans un manuscrit du XVe siècle conservé aujourd'hui a l'église de Roncevaux, et d'après une description ancienne de l'hôpital, rédigée en vers latins rimés, que nous offre le même manuscrit, on voit qu'il existait côte a côte dans ce monastère une congrégation de chanoines réguliers et une confrérie de charité composée d'hommes et de femmes, à laquelle incombait la charge de la réception des malades et des pèlerins. La règle ordinaire de saint Augustin, dont le texte se lit dans le manuscrit dont nous parlons, s'appliquait évidemment

[1] Celui de Troyes (Guignard. p. XLIX) et celui de Seclin (arch. hospital. de Seclin). Dans ce dernier, ce sont les statuts particuliers de l'Hôtel-Dieu qui sont considérés comme la préface et sont placés en tete du manuscrit. Ils se terminent par cette mention : « A tant prent fin l'introduction des estatus de l'hospital Nostre-Dame-lez-Seclin. Cy après s'ensieut la règle de monseigneur saint Augustin. »

[2] Une bulle d'Honorius III (1224), publiée au tome III de la *Gallia christiana* (Instrumenta, col. 91), montre que l'evêque d'Arras avait donné à l'hôpital Saint-Nicolas de *Dilaco*, la règle de saint Augustin de l'observance de Saint-Victor de Paris : «.... Ut hospitalis vestri sorores, nullum ordinem tunc professæ, secundum beati Augustini regulam et institutionem ac observationem ecclesiæ sancti Victoris Parisiensis in eodem loco Domino deservirent. » Nous ne savons pas si l'évêque avait ajouté aux constitutions de Saint-Victor des préceptes spéciaux concernant l'hospitalité.

[3] L'ordre hospitalier de Roncevaux eut en France plusieurs maisons : nous citerons l'Hôtel-Dieu de Bar-sur-Seine, fondé en 1210, par Miles, comte de Bar, et confie aux frères de Roncevaux, qui l'échangèrent en 1303 avec les Mathurins contre un établissement sis a Cuenas, en Espagne ; l'Hôtel-Dieu de Braux (Meuse), fonde par Renaud de Bar-sur-Seine, qui y institua des Freres « *sub habitu et regula fratrum Roscide vallis* » (Bibl. de Provins, ms. 85 : Lettre de Garsias, prieur de Roncevaux, 1297) ; l'Hôtel-Dieu de Villefranche en Beaujolais, qui, au XIIIe siècle, était membre dépendant de Roncevaux. (Missol, *L'Ancien Hôtel-Dieu de Villefranche*, dans *la Revue lyonnaise*, III (1882), p. 92.)

[4] Abbé Dubarat, *Roncevaux Charte de fondation. Poème du moyen âge. Règle de saint Augustin. Obituaire. Étude historique et littéraire.* Pau, 1880, in-8.

aux chanoines, tandis que les frères et les sœurs qui soignaient les pauvres avaient sans doute, pour les guider dans cette mission de charité, un règlement plus précis, qui peut-être n'a jamais été codifié et qui, en tout cas, n'est point parvenu jusqu'à nous :

Domus dicte sepius fratres et sorores
Predictorum omnium sunt dispensatores.
Vitam regulariter ducunt atque mores,
Seculum despiciunt et ejus honores [1].

II.

Après avoir indiqué le caractère général des constitutions hospitalières, il nous faut étudier les éléments dont chacune d'elles se composait, les influences qui avaient agi sur leur rédaction, les rapports qu'elles offraient entre elles. Dans ce rapide aperçu nous ne nous attacherons qu'aux hôpitaux proprement dits et nous laisserons de côté les léproseries, qui étaient soumises à un régime tout spécial et dont les règlements formaient une famille absolument à part.

L'histoire des hôpitaux pendant les premiers siècles du moyen âge est enveloppée d'une profonde obscurité. Quelles furent la date et les conditions de leur fondation ? C'est presque toujours là chose inconnue. On pourra constater leur existence à une époque donnée, grâce à quelque contrat de vente, à quelque lettre de donation ; mais remonter jusqu'aux sources d'où sont sortis les courants de charité qui répandaient leurs bienfaits sur un nombre infini de localités, mesurer le temps qui s'est écoulé depuis leur première apparition, c'est ce qu'il est à peu près impossible de faire. Une seule chose se dégage avec certitude des rares documents parvenus jusqu'à nous, c'est que la création des établissements charitables a été inspirée par l'esprit nouveau que la religion chrétienne avait apporté dans le monde. C'était dans les dépendances des monastères, asiles de la charité aussi bien que de la prière, que s'élevaient beaucoup des maisons destinées à abriter les voyageurs et à recueillir les malades [2]. C'était pour « éteindre dans l'onde de la charité les feux

[1] Dubarat, p. 28.
[2] Nous ne saurions ici traiter en quelques lignes la question de l'hospita-

du péché » que les fidèles consacraient une partie de leurs biens à la construction de refuges pour les pauvres [1]. C'était surtout sous la direction de l'évêque, protecteur-né des faibles et des malheureux, que se développait le mouvement charitable. Non seulement les évêques créaient dans les chefs-lieux de *civitates* ces Hôtels-Dieu qu'on retrouve à l'ombre de toutes les cathédrales et dont l'administration fut partout dévolue à leurs conseillers, c'est-à-dire aux chanoines, mais encore ils étaient les supérieurs naturels de tous les hôpitaux fondés dans leurs diocèses [2]. C'est des évêques qu'émanèrent la plupart des règlements que nous allons étudier, c'est à eux ou à leurs délégués qu'appartenaient l'inspection et la réformation des maisons de charité [3], ce sont eux qui en recevaient et vérifiaient les comptes [4].

Le rôle prépondérant conservé aux évêques dans les affaires

lité dans les monastères, dont l'étude mériterait à elle seule tout un article. Rappelons seulement que le soin des malades et surtout la réception des pauvres passants étaient imposés aux religieux par les principales règles monastiques comme la règle de saint Benoît, les constitutions des Victorins, celles des chanoines réguliers de Saint-Denis de Reims, celles de Saint-Martin des Champs. De nombreux documents montrent que ces prescriptions ne restaient pas lettre morte et que de bonne heure aux couvents furent joints des hôpitaux. Citons au hasard Saint-Gall, dont le plan tracé vers 820 mentionne la *domus peregrinorum et pauperum* (Lenoir, *Architecture monastique*); Saint-Denis, à qui Charles le Chauve donne, en 862, des biens qui doivent être employés « in pauperum susceptionibus » (Arch. nat., LL 1168, p. 50); Saint-Aignan d'Orléans et Saint-Wandrille, qui possédaient à cette époque un hôpital (*Mém. de la Soc. archéol. de l'Orléanais*, t. XI (1868), p. 502, et *Acta Sanctorum*, juillet, V, 97, *Vita S. Ansegisi*); Saint-Bertin, où se trouvait. au xe siècle. un *Xenodochium*, avec un homme employé « quotidianæ receptioni pauperum. » (*Act. SS.* sept., II, 597. *Miracula S. Bertini.*)

[1] De Rozière, *Recueil de formules*, II, 717 : *De magna rem, qui vult exsinodolio aut monasterio construere.*

[2] Voyez par exemple une lettre écrite en 603, par Grégoire le Grand : «..... Comperimus xenodochia in Sardinia constituta gravem habere neglectum, unde reverendissimus frater et coepiscopus noster Januarius vehementissime fuerat objurgandus nisi nos ejus senectus ac simplicitas et supervenions ægritudo suspenderet. » (Baronius, *Annales Eccles.*, anno 603, n° XVIII.) Cf. *Leges Langobardiæ Pippini regis :* « Ut quicumque xenodochia habent, si ita pauperes pascere voluerint et consilium facere quomodo ab antea fuerint, habeant ipsa xenodochia et regant ordinabiliter, et, si hoc facere noluerint, ipsa dimittant et per talem hominem in antea sint gubernanda, *cum consilio episcopi*, qualiter Deo et nobis exinde placet. » (Muratori, I, 2e partie, p. 122.)

[3] Voyez le registre des visites d'Eudes Rigaud dans le diocèse de Rouen, qui renferme de nombreuses inspections d'hôpitaux, et les procès-verbaux des visites faites dans les Hôtels-Dieu et léproseries du diocèse de Paris par un délégué de l'évêque en 1351. (Arch. nat., L 409.)

[4] Un ancien inventaire des titres de l'évêché de Paris donne l'énumération des comptes rendus entre les mains de l'evêque par les maîtres des hôpitaux du diocèse et qui sont aujourd'hui perdus. (Arch. nat., LL 11 *bis*, fol. 121.)

des pauvres, la surveillance active des établissements hospitaliers, qu'ils regardaient comme un des devoirs principaux de leur charge [1], sont les indices de la part importante qu'à l'origine ils avaient prise dans l'organisation des établissements charitables. Ce fut seulement au XIVe siècle, lorsque la tradition fut affaiblie et le souvenir des premiers temps effacé, qu'un autre personnage ecclésiastique put s'approprier, aux dépens des évêques, une partie de leurs attributions en matière d'assistance. C'est au développement puissant du pouvoir royal que doit être rattaché le mouvement qui, à partir de cette époque, tendit à faire passer aux mains de l'aumônier du roi la direction de la majorité des hôpitaux, et les juges du Parlement se mettaient en contradiction avec la vérité historique quand ils admettaient la présomption que les Hôtels-Dieu dont le fondateur restait inconnu tiraient leur origine des libéralités royales [2] : la véritable théorie était celle qui, appuyée sur la tradition léguée par les siècles anciens, voyait dans la création de ces maisons la main de l'évêque [3].

Si les questions relatives à la fondation des hôpitaux sont, la plupart du temps, impossibles à élucider, à plus forte raison en est-il de même pour ce qui touche à leurs constitutions, à leur régime intérieur.

La plus ancienne indication que nous connaissions à ce sujet

[1] Le prologue de la règle de la léproserie de Pontoise. rédigée par l'évêque de Paris en 1315, résume bien les devoirs des évêques sur ce point : « Injunctum nobis officium tunc videmur exequi et nobis de mansione speramus in celestibus provideri, si subjectas nobis domos pauperum et infirmorum usibus deputatas, quantum ad nostrum spectat officium, augere curamus in personis et, quantum, auxiliante Deo, possumus, servare intendimus ab adversis. » (Arch. nat., JJ 52, fol. 112.)

[2] La volumineuse table d'arrêts du Parlement relatifs aux hôpitaux, rédigée par les soins de l'ordre de Saint-Lazare et conservée aux Archives nationales sous les cotes Z[1a] 5 à 9, indique un grand nombre de conflits de ce genre soulevés entre l'aumônier du roi et les évêques.

[3] Les prétentions réciproques de l'aumônier du roi et des évêques sont bien résumées dans les plaidoiries suivantes prononcées devant les Requêtes de l'Hôtel (février 1401, n. st.) au sujet de la maladrerie de Coulommiers : «.... Gilet réplique que au roy, ou son aumosnier pour lui, appartient la collation et don de teles maladeries qui ne monstrent par lettres expresses le contraire, et teles sont les ordenances royaux.... Jehan duplique que aux églises appartient de droit la collation et disposition desdites maladeries qui sont *piu oppera* et *locus religiosus* et l'y fet l'en le divin service, et ne scet riens des ordenances roiaux alléguées par ledit demandeur que le roy ait lesdits dons et collacions.... » (Bibl. nat., fr. 23679, fol. 232 v°.)

est fournie par les formules insérées vers le commencement du IXe siècle dans le *Liber Diurnus*. Encore ne s'agit-il que d'hôpitaux romains et ne trouve-t-on dans ces textes que des données bien générales et bien vagues. Le *preceptum de concedendo xenodochio* énumère les principaux devoirs imposés au maître d'un hôpital lors de sa nomination : l'entretien des lits destinés aux pauvres, la surveillance de leur nourriture, l'obligation de leur assurer des soins médicaux ; mais c'est tout, et il faut descendre jusqu'au milieu du XIIe siècle pour rencontrer un texte qui renferme des prescriptions plus précises [1].

Nous voulons parler de la règle d'un hôpital qui a joui d'un renom universel dans la chrétienté et dont les statuts semblent avoir exercé une puissante influence sur ceux des autres établissements charitables. Il s'agit de l'hôpital Saint-Jean de Jérusalem où les pèlerins, affluant du monde entier vers les lieux saints, trouvaient l'asile et les soins dont ils avaient besoin. Fondé avant l'époque des croisades par les habitants d'Amalfi, petite ville d'Italie qui entretenait d'actives relations commerciales avec la Palestine, et placé alors sous le patronage de saint Jean l'Aumônier, l'hôpital de Jérusalem était, lors de l'arrivée des croisés, dirigé par un homme appelé Gérard, qui menait une vie pieuse et sainte. Après le triomphe des chrétiens, Gérard, s'associant un certain nombre de compagnons, fonda une véritable communauté religieuse dont les membres devaient continuer les traditions de charité établies à Saint-Jean [2]. Raimond du Puis, qui prit après lui la direction de cette milice, promulgua la règle du nouvel ordre religieux.

Ce texte ne porte pas de date, on sait seulement qu'il appartient au second quart du XIIe siècle, période pendant laquelle Raimond du Puis fut maître de l'hôpital [3]. La « constitution trovée par frère Raimont » commence par tracer les règles auxquelles les frères doivent soumettre leur vie : la fidélité aux trois vœux de religion, un maintien digne et édifiant à l'église et dans le monde, la simplicité dans les vêtements et les repas, la sévérité des mœurs, l'abstention de querelles et de rixes, le

[1] *Liber diurnus*, éd. Sickel, 1889, p. 62 et 63.
[2] Delaville-le-Roulx, *De prima Hospitalariorum origine*. Paris, 1885, in-8.
[3] Delaville-le-Roulx, *Cartulaire général des Hospitaliers*. Paris, 1895, in-fol., I, 62.

silence au réfectoire et au dortoir, le détachement de toute propriété, etc. Puis, au moment où les statuts semblent complets, on voit que le rédacteur s'est aperçu d'une omission grave, et il ajoute quelques articles parmi lesquels se trouve celui qui offre pour nous le plus grand intérêt, celui où l'on indique « comment les seignors malades doivent estre recehuz et serviz : »

Dans les maisons désignées par le maître de l'Hôpital, lorsque le malade arrivera, il sera reçu ainsi : Ayant d'abord confessé ses péchés au prêtre, il sera communié religieusement, puis porté au lit, et là, le traitant comme un seigneur, suivant les ressources de la maison, chaque jour, avant le repas des frères, on lui servira charitablement à manger. Tous les dimanches, l'épître et l'évangile seront chantés dans cette maison et on y fera processionnellement l'aspersion de l'eau bénite [1].

Il faut lire avec attention cette belle formule et en retenir les termes avec soin, particulièrement ce passage caractéristique d'après lequel le malade doit être considéré comme un seigneur, comme le maître de la maison.

Car ces prescriptions sur le mode de réception des malades se retrouveront mot pour mot dans presque tous les statuts que nous passerons en revue, ils formeront comme l'essence de toutes les chartes hospitalières qu'on édictera successivement, et il est très vraisemblable que c'est la règle de cet hôpital international qui a servi de type aux différentes constitutions promulguées dans les établissements charitables de la chrétienté.

Quelle est l'origine de cette formule, si noble dans sa simplicité ? A-t-elle été trouvée par Raimond du Puis, ou s'est-il contenté de consacrer sur ce point les coutumes établies avant lui dans la maison à laquelle il donna une vie nouvelle ? Les éléments font défaut pour résoudre la question, mais cette dernière hypothèse semble la plus plausible, et il est très probable que ce cérémonial de réception des malades n'est autre que celui qu'on pratiquait dans l'antique hôpital établi à Jérusalem par les gens d'Amalfi, et qu'il se

[1] Delaville-le-Roulx, *Ibid.* : « Et in ea obedientia ubi magister Hospitalis concesserit, cum venerit ibi infirmus, ita recipiatur : primum, peccata sua presbitero confessus, religiose communicetur et postea ad lectum deportetur et ibi, quasi dominus, secundum posse domus, omni die, antequam fratres eant pransum, caritative reficiatur ; et in cunctis dominicis diebus epistola et evangelium in ea domo cantetur et cum processione aqua benedicta aspergatur. »

rattache ainsi presque aux premiers siècles du christianisme.

On est d'autant plus en droit d'admettre cette supposition que, quand le successeur de Raimond du Puis, Roger de Molins, voulut compléter les statuts en ce qui concernait l'exercice de l'hospitalité, une partie des prescriptions qu'il promulgua fut simplement puisée dans les coutumes qui s'observaient d'ancienneté en l'hôpital de Jérusalem [1].

Que la règle de l'hôpital Saint-Jean ait eu une influence considérable sur les autres règles hospitalières, c'est ce qu'on peut reconnaître tout d'abord avec évidence en ce qui concerne les trois grands ordres hospitaliers des Teutoniques, du Saint-Esprit et de Saint-Jacques du Haut-Pas.

Pour les chevaliers Teutoniques la constatation est facile, puisque le but de leur fondation a été précisément de créer un ordre qui tînt à la fois des Templiers et des Hospitaliers de Saint-Jean. La bulle du 19 février 1199, qui confirme leur règle, dit en propres termes que les religieux Teutoniques doivent suivre les statuts du Temple en ce qui concerne les devoirs des clercs et des chevaliers, et ceux de l'Hôpital en ce qui touche le soin des pauvres et des malades [2].

Quant à l'ordre du Saint-Esprit de Montpellier, on avait considéré jusqu'ici ses constitutions comme originales, mais il suffit de les étudier avec quelque attention pour se convaincre qu'elles ne sont dans leurs parties essentielles que la reproduction de la règle des Hospitaliers de Saint-Jean de Jérusalem [3].

Les manuscrits de Rome et de Dijon, qui nous ont conservé la règle du Saint-Esprit, ne nous donnent malheureusement pas le texte primitif des statuts tels que les édicta Gui de Montpellier avant la confirmation d'Innocent III, en 1198 : ils ne reproduisent qu'une compilation exécutée par les soins de deux cardinaux, qui vivaient dans la première moitié du XIIIe siècle, Étienne, car-

[1] Delaville-le-Roulx, *Cartulaire général des Hospitaliers*, I, 425 : Statuts promulgués par le chapitre général sous le magistère de Roger de Molins (14 mars 1182).

[2] Strehlke, *Tabulæ ordinis Theutonici*. 1869, in-8, p. 266. Bulle d'Innocent III : « Magistro et fratribus hospitalis quod Theutonicum appellatur.... Specialiter autem ordinationem factam in ecclesia vestra, juxta modum Templariorum in clericis et militibus, et ad exemplum Hospitalariorum in pauperibus et infirmis.... confirmamus. »

[3] Le texte de cette règle a été publié par Holstenius et reproduit dans la *Patrologie latine* de Migne, t. CCXVII, col. 1138-1156.

dinal-prêtre du titre de Sainte-Marie *trans Tiberim*, et Renier, cardinal-diacre de Sainte-Marie *in Cosmedin* [1]. La confusion qui règne dans la distribution des matières, les répétitions qui se produisent à plusieurs reprises, la juxtaposition, dans certains articles, de préceptes absolument étrangers à l'objet indiqué par le titre du chapitre, enfin le renvoi à une bulle d'Innocent III et l'insertion de dispositions qui s'appliquent uniquement à la maison de Rome, montrent avec certitude qu'on a affaire à un texte remanié.

En prenant ces articles les uns après les autres, on s'aperçoit que plus du tiers d'entre eux (quarante sur cent cinq) ne sont que la reproduction, quelquefois un peu modifiée, mais le plus souvent littérale, de dispositions empruntées à la règle de Saint-Jean. Comme ces articles sont les plus importants et comprennent presque toutes les prescriptions concernant la condition et les devoirs des frères, ainsi qu'une partie de celles relatives au soin des malades, tandis que les additions étrangères à la regle de Saint-Jean se rapportent en majorité à des questions d'administration ou de discipline, on peut supposer avec vraisemblance que la règle primitive du Saint-Esprit n'était qu'une adaptation de celle de Saint-Jean, à laquelle on a ajouté, dans la revision postérieure, dont le texte seul nous est resté, les ordonnances propres à assurer le bon gouvernement de l'ordre.

Pour préciser davantage, disons que la première règle des Hospitaliers, celle de Raimond du Puis, se retrouve tout entière dans la règle du Saint-Esprit [2], sauf la plus grande partie dè

[1] Étienne mourut en 1254 et Renier en 1252. Tous deux avaient été nommés cardinaux en 1212, mais c'est seulement vers 1228 qu'Étienne, qui était d'abord cardinal-diacre du titre de Saint-Adrien, fut promu cardinal-prêtre du titre de Sainte-Marie du Transtévère (sa dernière souscription avec le titre de Saint-Adrien est de 1227, sa première avec celui de Sainte-Marie date de 1229); c'est donc entre 1228 et 1252 que se place la rédaction de la règle du Saint-Esprit dont le texte est parvenu jusqu'à nous. Cf. M. Poëte, *Positions des thèses de l'École des chartes*, 1890.

[2] La distribution des matières dans la règle du Saint-Esprit diffère beaucoup de celle qui avait été adoptée par Raimond du Puis. On peut s'en rendre compte en jetant les yeux sur la concordance suivante où nous avons relevé les chapitres des statuts du Saint-Esprit d'après les numeros donnés dans l'édition de Migne, en indiquant à quel article de la règle de Raimond du Puis ils correspondent. Le chapitre Ier de la règle du Saint-Esprit = l'article Ier des statuts de Raimond du Puis; le chapitre VI = l'article 2 de Raimond, avec l'addition d'un commentaire; le chapitre X = l'article 8, 2e partie; le chapitre XII = l'article 8, 3e partie, sauf un jour en plus d'abstinence par semaine; le chapitre XIII = l'article 16, avec en plus l'obligation à tous les frères d'assister au repas des malades; le chapitre XIV = l'article 3; les chapitres XVI et XVII

l'article 5 et les articles 6 et 7, qui sont relatifs à la pratique des quêtes et au mode de réception des aumônes. Les quelques différences de détail qu'on pourrait constater sont de peu d'importance [1] et consistent parfois simplement dans l'addition d'un commentaire tiré de la règle de saint Augustin [2].

Aux coutumes rédigées par le grand maitre Joubert est pris l'article qui règle les obsèques des frères et des pèlerins; aux statuts de Roger de Molins est empruntée l'obligation de coucher les enfants dans des berceaux séparés, et aux « établissements » d'Alphonse de Portugal, la prescription d'employer les frères suivant la profession qu'ils exerçaient avant d'entrer dans l'ordre; puis vient la reproduction d'un certain nombre des « Esgarts » et des « Usances [3], » c'est-à-dire des jugements rendus en cha-

= l'article 4 (le sens est le même, mais la rédaction est modifiée en partie); la troisième partie du chapitre XVIII = la fin de l'article 8 (vêtement de nuit); le chapitre XXV = l'article 11, avec addition d'un court commentaire; le chapitre XXXI offre des analogies avec l'article 9 de Raimont, mais les peines qu'ils prévoient pour la même faute sont diverses; le chapitre XXXII = l'article 10; le chapitre XXXIV = l'article 12, sauf pour la dernière partie, relative aux sergents; le chapitre XXXV = l'article 13; les chapitres XXXVII et XXXVIII = l'article 14 et l'article 15, sauf en ce qui concerne la quotité de prières à dire pour les morts; LV = 17; LVI = 18; LVII = 19; LXXX = la fin de l'article 4; LXXXVII = le commencement de l'article 5.

[1] A la fin du chapitre VI, l'édition de la règle du Saint-Esprit donne une leçon fautive qu'on peut corriger à l'aide de l'article 2 de Saint-Jean : « Vestitus eorum sit humilis, quia Domini *sunt* pauperes, quorum servos nos esse fatemur : nudi et sordidi incedunt, et turpe est servo ut sit superbus et dominus ejus humilis. » Le sens est bien préférable si l'on rétablit d'après Saint-Jean : « Vestitus sit humilis, quia domini nostri pauperes, quorum servos nos esse fatemur, nudi et sordidi incedunt. Et turpe est servo, etc. »

[2] L'article 2 de la règle de Saint-Jean débute ainsi : « Non querant amplius ex debito nisi panem et aquam atque vestimentum. » Le chapitre VI du Saint-Esprit fait précéder ces mots du commentaire suivant : « Nullus suum aliquid presumat dicere. Sic de primis Christi discipulis dictum est : *Erant illis omnia communia*. Procurator vero domus secundum necessitatem uniuscujusque fideliter omnibus administret, sicut etiam scriptum est : *Dividebatur singulis prout cuique opus erat* » La plus grande partie de cette addition est empruntée au début de la règle de saint Augustin.

[3] Ces « esgarts » sont ceux qu'on doit numéroter 3, 4, 6 à 9, 11 à 13, 15 et 18, si l'on suit l'ordre dans lequel ils sont présentés par le ms. fr. 6049 de la Bibliothèque nationale (le 51e s'y retrouve peut-être aussi, mais la chose est moins évidente) Il faut y ajouter quelques-unes des « usances » renfermees dans le même manuscrit : Ce sont l' « usance » 22, dont le commencement est reproduit par le chapitre CV du Saint-Esprit, relatif au chapitre général, l' « usance » 34, dont le chapitre LXX, sur la Réception des frères, est le resumé; et l' « usance » 36, qui se retrouve dans la seconde partie du chapitre XXXIII, réglant le nombre de « Patre nostres » que doivent réciter les frères. Il est bon de remarquer ici que les chapitres II, III et LXX, concernant la réception des nouveaux frères, se retrouvent textuellement dans la règle

pitre et des coutumes recueillies par les prud'hommes de la maison [1].

On trouverait donc là, pour le remarquer en passant, un élément qui permettrait de déterminer l'âge approximatif de quelques articles de ces « esgarts » ou « usances, » qui ont été successivement incorporés aux statuts de Saint-Jean de Jérusalem, et qu'il était impossible jusqu'ici de classer chronologiquement, puisqu'ils ne portent pas de date et que les manuscrits qui nous les ont conservés ne sont que de la fin du XIIIe siècle ou du commencement du XIVe. Ceux de ces articles qui figurent dans la règle du Saint-Esprit sont certainement antérieurs à la première moitié du XIIIe siècle, et nous allons voir que la règle de Saint-Jacques du Haut-Pas permet d'arriver sur ce point à un résultat encore plus précis.

En effet, l'ordre hospitalier de Saint-Jacques de *Alto-Passo*, de Lucques, qui, au XIVe siècle, établit à Paris une de ses maisons dont le souvenir est resté dans le vocable de la paroisse Saint-Jacques [2], fut rangé également sous la règle de Saint-Jean de Jérusalem. Le 5 avril 1239, Grégoire IX publia une bulle qui prescrivait aux religieux hospitaliers de Saint-Jacques du Haut-

de Saint-Jacques du Haut-Pas dont nous parlerons dans un instant. Comme l'ordre de Saint-Jacques a reçu la règle des Hospitaliers de Jérusalem, il est probable que cette rédaction commune au Saint-Esprit et à Saint-Jacques dérive d'un texte de la règle des Hospitaliers autre que celui que nous possédons.

[1] Les « esgarts » étaient des jugements portés par le chapitre sur les espèces qui lui étaient soumises et qui devaient servir de loi pour le cas où semblable difficulté se représenterait. Ces jugements étaient rendus à la suite d'un débat contradictoire, comme le montre le texte suivant : « Et les frères de l'esgart orent leur conseill sur la raison d'une partie et de l'autre » (Bibl. nat., fr. 6049, fol. 205). Une rubrique du même manuscrit (fol. 121) montre la différence qu'il y avait entre les « esgarts » et les « usances » ou coutumes constatées par les anciens de l'ordre : « Ci comence et dit de la obedience que les frères doivent tenir et faire, et les usances, et les congiés dou maistre et les autres choses qui sunt escrites en cest lievre. Tout soit que cestes usances n'en soient ordenées par chapitre : mès les prodeshomes de la maison ont volu escrire si con il est usé et costume en nostre maison. »

[2] Les Hospitaliers de Saint-Jacques du Haut-Pas possédaient également la Maison-Dieu de Barbonne, au diocèse de Troyes. (Voyez Arch. nat., JJ 72, n° 349, fol. 257, 30 juillet 1341) : Donation faite à cette maison de deux charretees de bois à prendre chaque semaine dans la forêt de Tracone pour le chauffage des religieux et des pauvres, « ... et que d'icelles deux charretées de bois sac, gesant ou estant, il puissent mener à Paris tout comme bon leur semblera pour leur chauffaige des diz frères et seurs et des pouvres qui seront herbergiez en leur hostel et hospital que il font édiffier près de Nostre-Dame des Champs ou lieu que on dit le Clos le Roy. »

Pas d'adopter dorénavant les statuts de l'Hôpital de Jérusalem [1]. Conformément à cette décision, Galligus, « serviteur des pauvres de Dieu et gardien de l'hôpital Saint-Jacques du Haut-Pas, » réunit le chapitre de son ordre et promulgua le nouveau règlement que leur avait assigné le souverain Pontife. Ce règlement, dont le texte a été conservé dans les archives de l'hôpital Saint-Jacques du Haut-Pas de Paris [2], se compose de la règle de Raimond du Puis [3] et de celle de Roger de Molins, puis on y retrouve différents articles empruntés aux divers textes qui composent les constitutions de Saint-Jean [4]. Comme on le voit dans la notice

[1] Bulle « Solet annuere. » Datum Laterani nonis aprilis, pontificatus anno XIII. Arch. du Vatican, reg. 19, fol. 100 (communication de M. Delaville-le-Roulx).

[2] Arch. nat., L 453, n° 25. L'abbé Lebeuf a connu ce manuscrit, et d'après ce qu'il en dit (*Histoire de la ville de Paris*, nouvelle édit., I, 155), c'est probablement lui qui est l'auteur de diverses annotations marginales qu'on y lit aujourd'hui. Il n'a pas vu que ces statuts étaient la reproduction de ceux de l'Hôpital.

[3] Dans l'article 15 : « Ut hec omnia, uti supra scripsimus, ex parte Dei omnipotentis et Beate Marie et beati Johannis, etc.... » on a oublié dans les statuts de *Alto Passo* de mettre saint Jacques au lieu de saint Jean. Mais dans la reproduction de l'article 19 de la règle des Hospitaliers de Jérusalem, qui prescrit de porter la croix sur les manteaux, les statuts de Saint-Jacques portent : « Omnes fratres.... ferant signum *Thau* in cappis seu in cappuciis, vel in mantellis secum deferant ante pectus. »

[4] Voici l'enumération complète des éléments dont se compose la règle de Saint-Jacques du Haut-Pas : 1° La règle de Raimond du Puis. 2° L'indication des jours de fête et des jours de jeûne qu'on doit observer dans l'hôpital ; c'est la répétition, sauf quelques additions ou suppressions, des listes de même genre qu'on lit dans les recueils de statuts de l'Hôpital, notamment dans le ms. fr. 6049, fol. 19 et suiv. 3° La reproduction des « costumes de l'yglise de l'hospital de Jherusalem. que maistre Joubert fist de l'office de l'yglise. » 4° La règle de Roger de Molins, où l'on s'est contenté de changer l'article relatif aux redevances imposées aux maisons qui dépendent de l'ordre et d'ajouter deux chapitres concernant les médecins et les aliments à donner aux malades. 5° Les prescriptions relatives à la reception des freres et des confrères. Pour les freres, ces prescriptions se rapprochent de l'article 34 des « Usances » de Saint-Jean (ms. fr. 6049, fol. 133-134), mais fournissent un texte plus abrégé conforme à celui qui se retrouve dans la règle du Saint-Esprit. Cette conformité que nous aurons encore à constater tout à l'heure pour l'article relatif au chapitre général et pour l' « esgart » 12, ferait supposer, comme nous le disions plus haut, que les rédacteurs des règles de Saint-Jacques et du Saint-Esprit avaient à leur disposition un manuscrit des constitutions de Saint-Jean donnant un texte des « Esgarts » et des « Usances » différent de celui que nous possédons. Pour l'admission des confrères, le texte de Saint-Jacques est le même que celui de l' « usance » 35. 6° La reproduction textuelle des vingt premiers egarts, rangés dans l'ordre où ils sont présentés par le ms fr. 6049, jusqu'à celui qui est intitulé *De ceus à qui le maistre mande letras*, inclusivement. Une seule différence est a noter, c'est qu'à l' « esgart » 12, *De freyres qui fèrent sergent*, le texte de Saint-Jacques,

détaillée que nous donnons en note, les vingt premiers « esgarts » donnés par le ms. fr. 6049 ont passé dans la règle de Saint-Jacques, ainsi que la liste des fêtes, celle des jeûnes, l' « usance » 35 tout entière sur la réception des confrères et le commencement de l' « usance » 22 relative au chapitre général. On peut donc affirmer que ces différents éléments non datés du code de Saint-Jean de Jérusalem sont à tout le moins antérieurs à 1239. Les statuts de Saint-Jacques sont rédigés en latin; il est assez curieux de noter à ce sujet que les articles qui renferment la règle édictée par Raimond du Puis reproduisent mot pour mot le texte latin de cette règle, tandis que ceux qui sont empruntés aux constitutions de Roger de Molins ont eté traduits sur la version française. Il est probable par conséquent que l'original de ces constitutions était écrit en langue vulgaire et que la traduction latine qui se lit aujourd'hui dans différentes compilations des statuts des Hospitaliers de Saint-Jean n'a été faite qu'après coup.

C'est également la règle de Saint-Jean que le pape Clément III avait proposée à un ordre hospitalier fondé à Téruel par Alphonse II, roi d'Aragon, afin de travailler à la rédemption des captifs [1]; mais cet hôpital, placé sous l'invocation du Saint Rédempteur, fut peu après réuni par son fondateur à l'ordre de Montjoye, qui suivait la règle de Citeaux, et il échappa ainsi à l'influence de l'Hôpital [2].

comme celui du Saint-Esprit, ajoute un paragraphe renvoyant le coupable au Pape, en cas de mort du sergent. 7° La traduction du commencement de l' « usance » 22 concernant la tenue du chapitre général. Au bout de quelques lignes, le texte de Saint-Jacques se sépare de celui que nous ont conservé les manuscrits de Saint-Jean, pour donner la même version que la règle du Saint-Esprit. 8° En ce qui touche l'election du maître, on trouve un premier chapitre étranger à Saint-Jean, puis la traduction des articles correspondants de la règle d'Alphonse de Portugal. 9° Viennent ensuite quelques articles dont l'original ne se retrouve pas dans la règle de Jérusalem. 10° Les dispositions suivantes relatives aux frères malades, aux saignées, à l'habillement, etc., ne sont que la traduction des articles 2 à 5, 19 à 20, 25 à 29 et 33 de la règle d'Alphonse de Portugal, d'après le texte fourni par le ms. fr. 6049. 11° Le document se termine par un article intitulé *De Capitulo sancti Jacobi Alti Passus*, qui constitue une sorte de recueil des préceptes que le chapitre général a cru le plus utile de rappeler pour les fixer dans la mémoire des frères, *armariolo recordationis commendare*.

[1] Wattenbach, II, 550, n° 16316, et Bibl. nat., Baluze, 380, n° 22, 18 juillet 1188 : «.... Ut fratres ipsius domus non plures quam tredecim habeantur, qui habitu canonicorum regularium et Hospitalis Hierosolymitani consuetudinibus ad suam informationem utantur. »

[2] Delaville-le-Roulx, *l'Ordre de Montjoye*, Paris, 1893, in-8 (Extr. de la *Revue de l'Orient latin*).

A l'époque où furent rédigées les premières constitutions de Saint-Jean de Jérusalem, il ne semble pas que les autres hôpitaux particuliers eussent des statuts écrits ; au moins les textes qui sont parvenus jusqu'à nous n'en offrent-ils pas de trace, croyons-nous, pour les maisons situées en France. Nous ne connaissons que l'hôpital d'Aubrac qui puisse présenter une charte presque aussi ancienne. Fondé au commencement du XIIe siècle pour la réception des pèlerins [1], cet hospice reçut, en 1162, des mains de Pierre, évêque de Rodez, une règle particulière [2]. Composée de frères et de sœurs, la congrégation qui le dirigeait était soumise aux trois vœux de chasteté, d'obéissance et de pauvreté. Les membres devaient en outre s'attacher à la pratique de l'humilité, cultiver l'esprit de fraternité, vivre sobrement, se vêtir avec simplicité et modestie, et pratiquer l'hospitalité.

Conformément à la règle de saint Augustin dont les constitutions sont évidemment inspirées, les religieux d'Aubrac devaient s'avertir mutuellement de leurs fautes. Les clercs avaient à réciter l'office, que les frères lais et les sœurs remplaçaient par la récitation de 30 *Pater* pour les matines et les autres heures. Il leur était enjoint de commencer et de clore la journée par le signe de la croix et de tout faire au nom de Notre-Seigneur Jésus-Christ ; s'ils tombaient dans quelque péché grave, ils devaient se confesser aussitôt. Une séparation rigoureuse était établie entre les frères et les sœurs. Le matin tous se levaient de bonne heure et se rendaient aussitôt à l'église. Ils prenaient leur nourriture en commun, dînant après none les jours de jeûne, après tierce les autres jours, et soupant après vêpres. L'abstinence de viande leur était prescrite le mercredi, le vendredi et le samedi, et tous les jours de la Septuagésime à Pâques et de l'Avent à Noël.

Le maître avait droit à une vénération respectueuse et à l'amour de ses religieux, envers lesquels il était tenu de se conduire comme un père.

Tous enfin devaient se souvenir qu'ils étaient là pour servir

[1] Advielle, *Bulletin monumental*, XXXI, 368.

[2] Bibl. nat., lat. 17196. fol. 80. copie du XVIIe siècle. Cette règle a été publiée par Gaujal dans les *Études historiques sur le Rouergue*, t. IV, p. 398, d'après une autre copie conservée dans la collection Doat, vol. 134, avec une curieuse relation de la fondation, écrite au XIVe siècle.

les pauvres, et les considérer comme les seigneurs de la maison.

En cas d'infraction à ces règlements, diverses punitions étaient infligées, telles que l'expulsion temporaire, le jeûne au pain et à l'eau, la privation de draps.

Cette règle ne demeura pas lettre morte; une enquête faite un siècle plus tard, en 1266, atteste que le maître d'Aubrac la faisait exécuter fidèlement et que l'hospitalité était dûment exercée dans la maison [1].

Tel est le rapide résumé des plus anciens statuts que nous rencontrions dans un hôpital français. Comme nous venons de le dire, ils constituent pour cette époque un type isolé; c'est seulement une cinquantaine d'années plus tard qu'on voit apparaître toute une série de règles du même genre.

Il semble donc que jusqu'à la fin du XIIe siècle les hôpitaux fussent dans cette période qu'on rencontre au début de la vie des institutions comme à celui de la vie des peuples, et pendant laquelle les lois ne sont pas encore rédigées et inscrites dans des codes, mais restent à l'état de coutumes transmises par la tradition orale.

Il existait sans doute, dans chaque établissement hospitalier, un ensemble de pieux usages qui avaient leur source dans les pratiques charitables observées par le fondateur, et qui se complétaient insensiblement grâce à l'initiative des directeurs qui se succédaient à la tête de la maison.

Mais là, comme dans toutes les autres sociétés, un tel régime ne saurait durer toujours, sous peine d'amener le désordre et l'anarchie. Forcément il arrive un moment où l'on sent le besoin de préciser et de fixer par l'écriture les coutumes observées traditionnellement. Pour les hôpitaux de l'ancienne France cette heure sonna au commencement du XIIIe siècle.

Les évêques, qui, comme nous l'avons déjà dit, avaient la haute direction des institutions charitables dans leurs diocèses, comprirent qu'il était temps de formuler les règles auxquelles les religieux hospitaliers devaient se plier pour procurer le plus grand bien des pauvres auxquels ils avaient résolu de se dévouer.

Réunis en concile à Paris en 1212, les prélats du nord de la France prescrivirent que dans tous les hôpitaux assez importants

[1] Bibl. nat., lat. 17196.

pour être desservis par une congrégation religieuse, on établit une règle reposant sur un certain nombre de principes fondamentaux qui devaient servir de base commune aux statuts des différentes maisons, sauf à les développer et compléter suivant les lieux et les circonstances [1].

Tout d'abord les membres de chaque congrégation hospitalière étaient tenus de prononcer les trois vœux de religion, pauvreté, chasteté, obéissance, et de revêtir l'habit religieux. Les Pères du concile posent ensuite une règle excessivement sage, que les hôpitaux du moyen âge eurent trop souvent une fâcheuse tendance à négliger, et sur l'observation de laquelle on verra les évêques des divers diocèses revenir sans cesse [2]: c'est d'éviter la trop grande multiplication des religieux dans un seul Hôtel-Dieu. Comme le dit le canon du concile de Paris, un petit nombre de personnes saines pouvait suffire au soin de beaucoup de malades, et c'était souverainement injuste d'absorber pour l'entretien du personnel hospitalier la majorité des ressources que la charité des fidèles destinait au soulagement des infirmes et des pauvres.

Enfin les évêques réunis à Paris s'élèvent contre un usage qui régnait déja dans les maisons hospitalières, comme on le verra persister en bien des endroits, et qui consistait à recevoir des

[1] Labbe, *Concilia*, XI, 73. « De domibus leprosorum et hospitalibus infirmorum et peregrinorum salubri consilio statuimus : ut. si facultates loci patiantur quod ibidem manentes possint vivere de communi, competens ei regula statuatur, cujus substantia in tribus articulis maxime continetur : scilicet ut proprio renuntient, continentiæ votum emittant, et prælato suo obedientiam fidelem et devotam promittant, et habitu religioso, non sæculari, utantur. Cum autem pauci sani possint multis infirmis competentius ministrare, illud omnino indignum est ut numerus sanorum ibidem manentium excedat numerum infirmorum aut peregrinorum. Bona etenim ibidem ex devotione fidelium collata non sunt sanorum usibus deputata, sed potius infirmorum. Nec etiam est id sub silentio prætereundum quod quidam sani viri et mulieres, et matrimonii vinculo copulati, quandoque transferunt se ad tales domos, ut sub obtentu religionis possint jurisdictionem et potestatem eludere sæcularium dominorum, qui tamen, in domo religionis manentes, non minus immo magis sæculariter et delicate vivunt et operibus carnis vacant, quam antea vacare consueverant. Unde statuimus ut in habitu religionis religiose vivant, vel de domibus ejiciantur; ita tamen quod bona domui collata secum non asportent, ne de fraude sua commodum reportare videantur. »

[2] Voyez par exemple l'évêque d'Amiens pour la Maison-Dieu d'Abbeville (1296. Louandre, *Notice sur l'Hôtel-Dieu d'Abbeville*); Simon, évêque de Beauvais, pour l'hôpital de son évêché (confirmation de Jean XXII, du 19 déc. 1320, d'Achery, *Spicilegium*, t. XII, p. 72) ; le chapitre de Châlons pour l'Hôtel-Dieu de cette ville (1261, archives de la Marne, G. 491, n° 3).

donnés, c'est-à-dire des personnes qui se donnaient eux et leurs biens à la maison, à la condition d'être entretenus par elle, et s'assuraient ainsi, aux dépens des pauvres, une existence douce et facile. Le concile proscrit cette coutume et défend d'admettre ces « donnés, » à moins qu'ils ne fassent profession de la vie religieuse.

Les règles posées au concile de Paris, et qui furent promulguées à nouveau deux ans plus tard au concile de Rouen [1], n'étaient que le résumé, dans leurs parties essentielles, des statuts qui venaient d'être édictés quelques années auparavant, en 1207, par l'évêque d'Amiens pour l'Hôtel-Dieu de Montdidier [2].

Ces statuts traitaient des points suivants :

Après avoir fixé le nombre maximum des frères et des sœurs et les conditions de leur réception, ils réglaient l'administration de la communauté, marquant le rôle du maître, de la maîtresse, du procureur et du chapitre. Les devoirs religieux des frères et des sœurs ; la séparation sévère qui devait exister entre eux ; les règles à observer dans leur vie de chaque jour : lever, coucher, repas, sorties ; la nature de leur vêtement ; les peines infligées à leurs fautes formaient autant de chapitres d'une réglementation fort sage, que venaient couronner les prescriptions relatives à la réception des malades et des pauvres. C'est là que se retrouvait le chapitre de la règle de Saint-Jean de Jérusalem, que nous avons cité tout à l'heure. Les deux textes sont identiques et l'évêque Richard s'est contenté de transcrire purement et simplement le passage de la règle de Raimond du Puis : « Anchois que li malades soit rechus, qu'il soit confessés, et, s'il est besoing, communiés religieusement. Et puis il, ou celle, soit menés à son lict et là soit servis chacun jour charitablement comme li sire [3] de la maison, anchois que les frères et seurs dignent ou mengent. Et tout ce qu'il désire, s'il poeult estre trouvé et il ne luy est contraire, baillé selon le povoir de la maison, jusques à ce qu'il soit retournés en santé. »

On voit qu'une seule addition a été faite à la formule de Saint-

[1] Mansi, *Concilia*, t. XXII, col. 913.

[2] V. de Beauvillé, *Histoire de la ville de Montdidier*, t. III, p. 365.

[3] La traduction ancienne publiée par Beauvillé porte *li frère*, mais le texte latin devait donner *dominus*, car c'est la leçon fournie par tous les statuts qui ont copié la règle de Montdidier ; il faut donc probablement lire, comme nous le faisons, *li sire*.

Jean, pour prescrire aux religieux hospitaliers de fournir aux malades tous les aliments qu'ils désireraient, pourvu que leur santé n'en souffrît pas et que la maison pût se les procurer. Bien que ce commandement ne fût pas inscrit dans le code de l'hôpital de Jérusalem, il y était cependant connu et observé traditionnellement, et l'empressement des hospitaliers de Saint-Jean à satisfaire à tout prix les désirs de leurs malades était devenu proverbial. Leur renom était si bien établi sur ce point que l'imagination populaire en avait tiré une gracieuse légende, dont les récits du Ménestrel de Reims nous ont conservé la trace [1]. Saladin, s'il faut en croire le spirituel conteur, imagina un jour de vérifier par lui-même si la réputation de charité des frères de Saint-Jean était méritée. Il se déguisa en pèlerin, et vint frapper à la porte de l'hôpital. On l'accueillit avec bienveillance, on lui demanda ce qu'il souhaitait manger, mais, pendant deux jours, il repoussa toute nourriture. Enfin, poursuivi par les sollicitations de l'infirmier, il déclara qu'un seul mets lui faisait envie, mais qu'il n'osait en formuler le désir, parce qu'on le lui refuserait certainement. On le pressa de s'expliquer, et il finit par avouer qu'il était résolu à se laisser mourir de faim si on ne lui servait point un des pieds du cheval du grand maître. Celui-ci, ayant été consulté, donna l'ordre de se conformer au caprice du malade, aimant mieux sacrifier le superbe animal que de causer la mort d'un chrétien. On amena donc le cheval, et on allait le mutiler quand Saladin, trouvant l'expérience concluante, se fit reconnaître.

Nous croirions volontiers que c'est pour imiter cette légendaire condescendance des Hospitaliers de Saint-Jean envers leurs malades, que le précepte dont nous parlons fut inséré dans la règle de Montdidier, en même temps qu'on empruntait textuellement aux statuts de Jérusalem la première partie de l'article relatif à la réception des malades. L'influence des constitutions de l'antique hôpital se fait donc sentir avec évidence sur celles de la Maison-Dieu de Montdidier et de tous les autres établissements charitables qui adoptèrent successivement la même rédaction.

Après avoir traité de l'entrée des malades et de la nourriture

[1] De Wailly, *Récits d'un ménestrel de Reims*. Paris, 1876, in-8, p. 104-109.

à leur donner, le règlement de Montdidier parle des soins dont on doit les entourer :

« Et affin que aulcuns restitués en santé ne renquisse en maladie par trop [tost] lever, il soit soustenus par sept jours en la maison, cy il luy plaist, et non plus. Li malades ne soient jamais sans garde qui les veille songneusement. »

La première de ces prescriptions semble due à l'initiative du rédacteur de ces statuts. Quant à l'article suivant, il peut se faire qu'il ait été inspiré par un passage analogue des dispositions complémentaires ajoutées à la règle des hospitaliers par Roger de Molins [1]. Mais on ne saurait l'affirmer, car le texte de Montdidier, tout en offrant le même sens que celui de Saint-Jean, est beaucoup plus court, et la présence d'un article de ce genre dans une règle hospitalière est en soi si naturelle, qu'il n'est pas nécessaire de l'expliquer par l'influence d'un règlement antérieur.

On pourrait également signaler dans le reste des statuts de Montdidier diverses autres dispositions qui se rapprochent des « constitutions de frère Raimont, » comme la défense de sortir seul, l'interdiction des disputes, l'usage de vêtements modestes, la prescription de faire une lecture pendant les repas ; mais ces passages appartenant en même temps à la règle de saint Augustin, il est plus naturel de chercher dans celle-ci leur source commune.

III.

Comme il fallait s'y attendre après la décision du concile de Paris, on ne tarda pas à voir publier de tous côtés des règlements inspirés par cette décision, et se rapprochant de celui de Montdidier. C'est d'abord, en 1218, cette même règle de Montdidier qui est appliquée à l'Hôtel-Dieu de Noyon [2], puis, à la même

[1] Delaville-le-Roulx, *Cartulaire des Hospitaliers*, I, p. 425 et suiv. « Après, sanz la garde et les veilles de jor et de nuit que les frères de l'Ospital doivent faire de ardant et de dévot corage as povres malades, com a seignors, fu enjoint en chapitre général que, en chascune rue et place de l'Ospital où les malades reposent, que IX. sergent soient prest à lor servise, qui lavent lor piés bonement et les cissuent de dras, et facent lor liz et amenistrent as languissans viandes nécessaires et profitables, et les abjurent devotement, et qui hobeyssent en toutes choses au profit des malades. »

[2] D'Achery, *Spicilegium*, éd. in-4, t. XIII, p. 336.

époque, ce sont les statuts de l'Hôtel-Dieu de Paris que rédige Étienne, doyen du chapitre Notre-Dame, entre 1217 et 1221, dates extrêmes de son décanat [1]. Le manuscrit original de ces statuts étant perdu aujourd'hui, on a pu se demander si cet Étienne en était bien l'auteur, à l'exclusion d'un autre doyen du même nom qui vivait dans la seconde moitié du XIVe siècle. Mais il ne saurait y avoir de doute sur ce point. Indépendamment des ressemblances étroites que ce texte offre avec les documents analogues du XIIIe siècle, M. Coyecque a montré que certains articles concernant le nombre des sœurs et les confesseurs des religieux et des religieuses ne pouvaient s'appliquer qu'au XIIIe siècle [2], sans compter celui d'après lequel les frères devaient porter la tonsure comme les Templiers.

On peut d'ailleurs faire valoir un argument qui n'a pas encore été invoqué et qui tranche péremptoirement la question : la reine Jeanne fonda en 1304, à Château-Thierry, un Hôtel-Dieu, auquel elle déclara donner la règle de celui de Paris ; or le règlement de Château-Thierry, qui est parvenu jusqu'à nous, reproduit, sauf quelques différences de détail, le texte publié sous le nom du doyen Étienne ; ce personnage ne peut donc être autre que le contemporain de Philippe-Auguste [3].

Les statuts parisiens offrent une grande analogie avec ceux de Montdidier, tout en étant loin de les copier servilement. Comme eux ils reproduisent le chapitre de la règle de Saint-Jean de Jérusalem, relatif à la réception des malades, mais ils ne bornent pas là leurs emprunts aux constitutions de l'Hôpital : ils transcrivent encore textuellement le passage concernant la visite des malades par le prêtre [4], et s'inspirent des statuts additionnels de Roger de Molins pour recommander que des pelisses et des chaussures soient toujours à la disposition des

1 Publiés par Dubois, *Historia ecclesiæ Parisiensis*, t. II, p. 482.

2 *Les Archives de l'Hôtel-Dieu*. Paris, 1894, in-4 (*Documents inédits*), p. 510-511.

3 La règle de l'Hôtel-Dieu de Château-Thierry a été publiée d'une façon assez défectueuse par Barbey dans les *Annales de la Soc. hist. de Château-Thierry* (1872), p. 166-174. Deux copies du XVIIIe siècle se trouvent aux Archives nationales (K 185. liasse 20, n° 221).

4 Règle de Raimond du Puis, art. 3 : «.... Et ad infirmorum visitationem presbyter cum albis vestibus incedat, religiose portans Corpus Domini, et diaconus vel subdiaconus precedat, vel saltim acolitus, ferens lanternam cum candela accensa et spongiam cum aqua benedicta. »

pauvres, lorsque les nécessités de la nature les forceraient à quitter leur lit [1]. Quant au précepte de garder les convalescents pendant sept jours, il est imité de la règle de Montdidier, et ils y ajoutent celui d'entourer de soins spéciaux, dans une salle séparée, les malades les plus gravement atteints.

Avant que le malade ne soit reçu, dit le texte des statuts parisiens, il confessera ses péchés et sera communié religieusement; puis il sera porté au lit, et là, le traitant comme le seigneur de la maison, chaque jour, avant le repas des frères, on lui servira charitablement à manger, et tout ce qu'il désirera, pourvu qu'on puisse se le procurer et que cela ne soit pas nuisible à son état, lui sera apporté avec empressement, jusqu'à ce qu'il soit rendu à la santé.

S'il devient assez malade pour être séparé des autres et placé dans l'infirmerie spéciale des pauvres, on doit alors le soigner avec encore plus de sollicitude qu'auparavant, et quand il sera rendu à la santé, de peur qu'un départ trop précipité n'occasionne une rechute, il sera gardé dans la maison pendant sept jours après sa guérison.

Six paires de larges et grosses pelisses, dix paires de bottes et dix grandes aumusses doivent toujours être tenues à la disposition des pauvres alités, quand ils veulent se lever pour aller aux commodités.

Le prêtre doit se rendre à la visite des malades, revêtu de ses habits de chœur et portant le Corps du Seigneur. Le clerc doit l'accompagner avec la croix, le vin, l'eau bénite et la clochette.

Les proviseurs et le maître doivent avoir soin de préposer à la garde des malades trois sœurs au moins pendant le jour, et une sœur avec deux servantes pendant la nuit : ces gardes doivent les soutenir quand ils veulent aller aux commodités [2].

Ce n'est pas seulement dans les dispositions relatives à l'ad-

[1] Règle de Roger de Molins : « Après ces biens il establi le quar commandement que chascun des malades eust pelices à vestir, et botes à aler à lor besoigne et revenir, et chapeaus de laine. » La confirmation des « bones costumes de la maison de l'Ospital » par le même grand maitre porte également : « Et entre II malades soloient avoir une pelice de brebis, que il afubloient quand il aloient à chambres. Et entre II malades I pareil de botes. » — *Statuta Domus Dei Parisiensis*, art. 21 à 24.

[2] Dubois, *Historia ecclesiastica Parisiensis*, II. 483 : « Antequam infirmus recipiatur, peccata confiteatur et religiose communicetur, postea ad lectum deportetur et ibi, quasi dominus domus, quotidie, antequam fratres comedant, caritative reficiatur. Et quicquid in ejus desiderium venerit, si tamen poterit inveniri, quod non sit ei contrarium, secundum posse domus, diligenter ei queratur donec sanitati restituatur.

« Quod si ad tantam infirmitatem devenerit ut a communi consortio removeatur et in infirmaria pauperum ponatur, tunc diligentius etiam quam prius in omnibus provideatur et nunquam sine custodia relinquatur, et ne sanitati

mission et aux soins des malades que les statuts de l'Hôtel-Dieu de Paris offrent la trace de l'influence de la règle de Jérusalem. Différentes prescriptions concernant la vie religieuse des frères et des sœurs sont copiées mot pour mot sur les constitutions de Raimond du Puis, comme la défense faite aux femmes de laver les pieds ou la tête des frères et de faire leur lit [1], ainsi que le précepte de ne prendre que deux repas par jour, sauf le cas de maladie [2].

Plus courte et plus succincte que celles que nous venons d'exposer est la règle donnée en 1220 à l'hôpital Saint-Julien de Cambrai par le chapitre de cette ville [3]; mais sous une forme abrégée elle offre le même caractère, et elle reproduit l'article de la réception des malades d'après la rédaction des statuts de Montdidier et de Noyon. Quelques années plus tard, en 1227, Geoffroi II, évêque de Cambrai, étendit à l'Hôtel-Dieu Saint-Jean de cette cité le règlement promulgué pour Saint-Julien [4].

restitutus pro nimis festina recessione recidivum patiatur, septem diebus sanus in domo sustentetur.

« Semper sint parata sex paria larga et grossa pelliciorum et decem paria botarum et decem [almucie] magne ad usum pauperum jacentium cum volunt surgere ad privatas.

« Ad visitationem infirmorum presbyter incedat cum vestibus de choro, religiose portans Corpus Domini, et clericus procedat cum cruce et vino, et aqua benedicta, et campana. Tres sorores ad minus de die, et unam sororem et duas pedissequas de nocte provideant infirmis ad eorum custodiam assidue provisores et magister, ut cum ire voluerint ad privatas a custodibus sustententur. » — Le texte de Château-Thierry, copié sur celui de l'Hôtel-Dieu de Paris, permet de rectifier diverses leçons données par Dubois : *caritative* au lieu de *carne; almucie*, que Dubois n'avait pas pu lire, et *presbyter incedat cum vestibus de choro, religiose portans*, etc., au lieu de *presbyter de choro incedat cum vestibus religiosis, portans*, etc.

[1] Règle de R. du Puis, article 4 : «.... Nec femine capita eorum lavent nec pedes, nec lectum faciant. » Règle de l'Hôtel-Dieu de Paris, article 33 : « Nunquam sorores vel ancille lavent pedes fratrum vel capita, vel lectos faciant, sed infirmorum in domo jacentium.

[2] Règle de R. du Puis, art. 8 : «.... Et non comedant nisi bis in die.... preter eos qui sunt infirmi et imbecilles. » Règle de l'Hôtel-Dieu, article 41 : « Fratres et sorores intus vel extra non plus comedant quam bis in die, preter infirmi et debiles.... »

[3] Archives hospitalières de Cambrai, n° 329, fol. 1 v°. Le texte a été publié par Bruyelle, *Monuments religieux de Cambrai*, 1854, p. 191.

[4] Arch. hospital. de Cambrai, n° 348. Une analyse du document a été donnée par Wilbert dans sa *Notice sur l'ancien hôpital Saint-Jean* (*Mémoires de la Soc. d'émulation de Cambrai*, t. XXVII, 2e partie). — On possède pour les nombreux hôpitaux de Belgique une assez riche collection de règlements anciens qui ont été analysés par Alberdingk-Thijm (*Geschichte der Wohlthätigkeits-Anstalten in Belgien*. Freiburg-im-B., 1887, in-8, p. 149 et suiv.). Ils sont

En effet, à mesure que se multipliaient les rédactions de statuts destinés aux maisons hospitalières, on constate que dans les mêmes régions on se contentait souvent de transcrire les dispositions adoptées par les hôpitaux voisins. C'est ainsi que la règle édictée à Montdidier en 1207 et à Noyon en 1218 est successivement introduite à Amiens en 1233 [1], à Saint-Riquier la même année [2], à Abbeville en 1243 [3], à Beauvais en 1246 [4], à Montreuil-sur-Mer en 1250 [5], et il est probable que c'était elle également que suivaient les religieux de l'Hôtel-Dieu de Péronne [6].

généralement peu développés, sauf celui de l'hôpital Notre-Dame de Tournai, qui est fort intéressant, mais dont on n'a publie qu'une traduction (Delannoy, *Notice historique des divers hospices de Tournai*, Tournai, 1880, in-8, p. 21-29).

[1] Arch. hospitalières d'Amiens. A 3, fol. XLIV v°. Bibl. nat., Picardie 90, fol. 438 v°, copie du XVII° siècle. Texte publié par d'Achery, *Spicilegium*, éd. in-4, t. XII, p. 54.

[2] Abbé Hénocque, *Histoire de Saint-Riquier* (Soc. des antiq. de Picardie, documents inédits, t. XI), p. 422. Le texte suivant montre en effet que les prescriptions qui concernent le maître dans la règle de Montdidier (art. 5 et 8) étaient observées à Saint-Riquier : Arch. nat., X[1a] 12, fol. 341 v°, 11 mars 1349 (n. st), procès entre le roi d'une part et l'évêque d'Amiens et M° Jean d'Orléans, d'autre part : « ... In quo quidem hospitali sunt et esse debent persone religiose, fratres et sorores, pro gubernatione dicte domus et visitatione et servitio pauperum ibidem deputate, ordinis sancti Augustini, certam habentes regulam per sedem apostolicam confirmatam, quam dicti fratres et sorores in dicto hospitali tenent et tenuerunt presertim a tempore confirmationis ejusdem, secundum ipsam regulam viventes in hospitali predicto, tria vota solempnia, ut per religiosas personas est fieri consuetum, faciendo ; secundum quam eorum regulam dicti fratres et sorores dicti hospitalis unum de dictis fratribus ipsius hospitalis eligere tenentur et consueverunt pro gubernatione dicte domus .. quibus fratribus et sororibus dictus eorum magister sic electus compotum et legitimam rationem tenetur reddere, mense quolibet, de administratione domus supradicte, vel saltem semel in anno. »

[3] Règle donnée par Arnoul, evêque d'Amiens, en 1243. Louandre (*Notice sur l'Hôtel-Dieu d'Abbeville*, 1856, in-8, p. 10 et suiv.) en a publié une traduction assez fautive. C'est le texte de Montdidier et d'Amiens avec une disposition des articles un peu différente et un certain nombre d'additions, telles que la prescription d'une lecture pendant les repas et de la récitation des grâces à la fin ; la défense de donner aux religieux et religieuses d'autre titre que celui de frères ou sœurs, etc.

[4] Arch. hospitalieres de Beauvais, A 1, cartulaire de 1677, fol. 24. Texte publié par Louvet, *Hist. des antiquites du pays de Beauvoisis*, 1631, in-8, I, 527 et suiv. Cf d'Achery, *Spicilegium*, t. XII, p. 69.

[5] Braquehay, *Histoire des etablissements hospitaliers de Montreuil*, Amiens, 1882, in-8, p. 15-24 : traduction de la règle donnée par l'évêque d'Amiens Gerard, à la demande d'Innocent IV, qui avait reçu une petition des maitres et frères de l'hôpital, lui exposant « qu'ils n'ont aucune règle approuvee et qu'ils désirent adopter la règle de saint Augustin et bien connaitre tout ce qu'elle prescrit. »

[6] Arch. nat., X[1a] 58, fol. 210 v° : Procès relatif à la nomination d'un frère à l'Hôtel-Dieu de Péronne (1411). Cum.... magister, fratres et sorores proposuis-

Enfin le comte de Saint-Pol, dans la charte donnée en 1275 à la Maison-Dieu qu'il avait fondée en cette ville, emprunta aux mêmes constitutions un certain nombre de leurs articles, tandis que d'autres, notamment ceux qui concernaient le soin des pauvres, furent inspirés, semble-t-il, par les statuts de l'Hôtel-Dieu de Paris [1].

La règle adoptée ainsi dans la plupart des établissements hospitaliers de la Picardie obtint tant de vogue qu'elle fut transportée beaucoup plus loin, car en 1247 ce fut elle que l'archevèque de Reims donna à l'Hôtel-Dieu de Rethel [2].

Mais ce n'est là qu'une exception. En général, à mesure que l'on s'écarte de la région du nord, on voit les formules se modifier [3]. Ainsi, les constitutions de l'Hôtel-Dieu-le-Comte, à Troyes, écrites en 1263 par l'aumônier du comte de Champagne [4] et imposées en même temps à l'Hôtel-Dieu de Provins [5], tout en se rapprochant dans leurs grandes lignes de celles dont nous venons de parler, offrent une rédaction différente et constituent une famille à part. Si l'on examine, par exemple, le chapitre *De infirmis*, on voit qu'il est plus développé que dans les autres textes. On y retrouve, à peu près dans les mêmes termes, les prescriptions portées par les statuts parisiens, mais elles sont complétées par de nombreuses additions relatives à l'administration des derniers sacrements, à la conservation des vêtements des pauvres, à l'entretien des lits, à la réception des femmes en couches, etc. La rédaction champenoise marque donc un notable progrès dans l'administration hospitalière.

Les statuts de l'Hôtel-Dieu d'Angers, qui semblent avoir été

sent dictum Colinum in hospitali prefato infra annum probationis dumtaxat, *juxta ipsius hospitalis et religionis statuta et ordinaciones*, positum fuisse.... » Cette prescription est conforme aux règles posées par les statuts d'Amiens et de Montdidier.

[1] Archives hospitalières de Saint-Pol, copie du XVIIe siècle.

[2] Lacaille, *Quelques documents du XIIIe siècle conservés aux archives hospitalières de Rethel*. Arcis-sur-Aube, 1892, in-8 (Extr. de la *Revue de Champagne*).

[3] Nous ne parlerons pas ici des statuts de l'Hôtel-Dieu de Reims, qui n'ont été conservés que dans un manuscrit du XVIe siècle et dont on ne peut pas déterminer la date précise.

[4] Guignard, *Les Anciens statuts de l'Hôtel-Dieu-le-Comte de Troyes*, 1853, in-8.

[5] Archives hospitalières de Provins, et Bibliothèque de Provins, ms. Grillon, 18.

composés au commencement du XIIIᵉ siècle [1], s'éloignent encore plus que ceux de Troyes des textes que nous avons rencontrés dans le nord.

La formule de réception des malades s'y présente en particulier en des termes sensiblement différents ; elle paraît encore inspirée par le texte de Saint-Jean de Jérusalem, mais elle ne le reproduit pas fidèlement comme les constitutions que nous avons signalées jusqu'ici.

Après avoir prescrit aux religieux de parcourir la ville deux fois la semaine pour recueillir les malades [2] et de recevoir tous ceux qui viendraient eux-mêmes frapper à la porte de l'hôpital, la règle d'Angers s'approprie le début du chapitre des malades dans celle de Saint-Jean de Jérusalem, mais elle ne renferme pas le précepte de traiter le pauvre comme le seigneur de la maison ; par contre, la façon dont les religieux doivent présider au repas des malades, la douceur qu'ils doivent leur témoigner, la qualité de la nourriture qu'on leur sert, les soins à prendre de leurs hardes forment l'objet d'autant de développements nouveaux. Les statuts d'Angers se rapprochent ensuite de ceux de l'Hôpital en ce qui concerne la veille des malades et leurs

[1] On n'a pas la date précise de la rédaction de ces statuts, dont la transcription la plus ancienne n'est que de 1407, mais leur promulgation ne doit pas être de longtemps postérieure à l'établissement de la Maison-Dieu qui fut fondée vers 1175. Ils portent en effet pour titre : *Institutio domus pauperum Andegavensis, facta cum assensu et voluntate tam fundatorum domus quam fratrum et sororum, a domino Andegavensi episcopo approbata et confirmata.* Nous croirions volontiers que cette confirmation fut donnée par Guillaume de Chemillé (1198-1202) lorsque, « accedens ad domum eleemosinariam Andegavensem,.... de assensu et voluntate fratrum, instituit ut tam clerici quam laici domus illius in eo habitu [quem gerebant] a domus istius fundatione et quem adhuc gerunt sub regula beati Augustini de cetero viverent, quod omnibus placuit et unanimiter in hoc convenerunt (C. Port, *Inventaire des archives de l'hôpital Saint-Jean d'Angers*, 1870, in-4, p. 114 et 155).

En 1490, ce texte était considéré comme très ancien. Voyez Arch. nat., X[1a]. 1497, fol. 130 vº :

« Et ordonne la court que.... [les commissaires] feront entretenir tam in capite quam in membris les anciens statuz et ordonnance dudit Hostel-Dieu, ainsy qu'ilz sont escriptz et qu'ilz ont esté trouvez en l'abbaye de Nostre Dame d'Angers.... et lesquels statuts desquelz la teneur s'ensuit : *Hec est institutio domus pauperum Andegavis*, etc. (ici vient dans le registre du Parlement la transcription complète des statuts) seront enregistrés au matrologe dudit Hostel-Dieu et leuz en plain chapitre le premier vendredi de chacun mois advenir, afin que nul n'en puisse prétendre juste cause d'ignorance. »

[2] Les statuts de l'ordre du Saint-Esprit contiennent une disposition semblable (chap. XL, *De pauperibus requirendis*).

vêtements de nuit, puis ils se terminent par l'énumération des catégories de personnes qui ne peuvent être reçues dans l'hôpital, c'est-à-dire celles qui sont atteintes d'infirmités incurables, telles que la lèpre, la cécité, etc. Les enfants trouvés sont également exclus, mais les femmes enceintes peuvent être admises à faire leurs couches à l'Hôtel-Dieu.

Geoffroi de Laval, évêque du Mans (1231-1234), composa pour la Maison-Dieu de Coeffort une règle qui ne se rattache pas aux autres documents du même genre parvenus jusqu'à nous [1]. Sans doute, en pareille matière, il ne peut y avoir dissemblance complète : forcément des règles destinées à des religieux hospitaliers doivent offrir des points de contact, alors même qu'elles sont indépendantes les unes des autres : c'est la manière de présenter les choses, c'est la rédaction des préceptes communs qui permet de reconnaître si les textes ont entre eux des rapports de parenté. Or, dans les statuts du Mans, la forme est beaucoup plus brève, la distribution des articles n'est plus la même, les termes employés diffèrent de ceux des autres statuts ; enfin les dispositions relatives au soin des pauvres sont particulièrement succinctes et on n'y retrouve aucune trace des formules empruntées par les autres règles aux constitutions des hospitaliers de Saint-Jean de Jérusalem. L'évêque du Mans, tout en désirant donner au personnel de son Hôtel-Dieu le caractère d'un ordre religieux, ne paraît pas avoir voulu le rattacher à la grande famille des Augustins, et c'est seulement à la fin du XIVe siècle que cette congrégation fut considérée comme soumise à la règle de saint Augustin [2]. La règle de l'hôpital de Coeffort fut suivie également à l'Hôtel-Dieu de la Ferté-Bernard [3].

Les statuts que nous avons énumérés constituaient tous de véritables règles religieuses imposant à ceux qui s'y soumettaient l'obligation de prononcer les trois vœux de religion, conformément aux prescriptions du concile de Paris. Mais il n'en fut pas de même dans tous les diocèses, et quelques évêques, au lieu de confier l'administration des hôpitaux à un ordre religieux proprement dit, se contentèrent d'instituer une sorte de

[1] Règle publiée par Th. Cauvin. *Recherches sur les établissements de charité et d'instruction publique du diocèse du Mans*, au Mans, 1825, in-12, p. 22-26.
[2] Cauvin, *ibid.*, p. 26-28.
[3] Cauvin, *ibid* , p. 15.

confrérie charitable vouée au soin des malades. C'est ce qui se produisit à Coutances, où Hugues de Morville fonda un Hôtel-Dieu dirigé par des frères et des sœurs qui n'étaient pas engagés dans les liens de la profession religieuse, comme le montrent les divers règlements qu'il rédigea pour cet établissement de 1209 à 1224 [1].

Il en était de même à l'Hôtel-Dieu de Sens, dont nous ne connaissons pas les statuts, mais sur l'organisation duquel un procès jugé au Parlement de Paris, au commencement du XVe siècle, fournit d'intéressants renseignements. Par cette sentence, la cour reconnut que l'hôpital de Sens n'était pas administré par un ordre religieux, *collegium religionis*. Bien que portant le nom de frères et de sœurs et revêtus d'un habit religieux, les personnes qui y soignaient les pauvres et les malades n'étaient pas astreintes à la profession religieuse et pouvaient quitter la congrégation pour rentrer dans le siècle et se marier [2].

IV.

Après avoir examiné les règles hospitalières du XIIIe siècle, qu'on peut qualifier d'épiscopales, puisque presque toutes furent édictées par des évêques pour un des hôpitaux de leur diocèse, il nous reste à parler d'une autre série de textes qui ont entre eux des liens étroits et où les articles relatifs à la vie religieuse des frères et des sœurs ont reçu un développement beaucoup plus important qui engagerait à leur donner le nom de règles monastiques. Ce sont d'abord les statuts de l'hôpital Comtesse à Lille [3], qui furent également adoptés par les hôpi-

[1] *Gallia christiana*. t. XI, *Instrumenta*, col. 253-257. La promesse d'obéissance est la seule dont il soit fait mention dans ces textes.

[2] Arch. nat., X[1a] 64, fol. 225 v°. 22 décembre 1424.

[3] Bibliothèque municipale de Lille, ms. 70. — La règle de Lille était suivie également à l'hôpital de Seclin, fondé en 1248 par Marguerite, comtesse de Flandre, sœur de la comtesse Jeanne (*Inv. des arch. hospital. de Lille*, n° 55) et placé sous la règle de saint Augustin par Gautier, évêque de Tournai, en 1251 (*Ibid.*, n° 61). Les archives de Seclin possèdent un manuscrit du XIVe siècle reproduisant la règle de Lille et offrant en tête une miniature intéressante qui représente les religieuses de l'hôpital à la chapelle. Les statuts de l'hôpital Comtesse furent encore adoptes par celui de Comines, qui en possède une copie moderne, et par celui de Themolin-lez-Orchies. En effet, Jean de Bucheul, évêque de Tournai, confirma, le 4 juin 1264, la règle donnée par ses prédécesseurs à l'hopital d'Orchies, laquelle, dit-il, est semblable à celle de la maison Notre-Dame de Lille (*Inv. des arch. hospital. de Lille*, n° 80).

taux de Séclin, de Comines et de Thémolin-lez-Orchies. Promulgués du temps de Gautier, évêque de Tournai, et de Jeanne, comtesse de Flandre, ils datent par conséquent au plus tard de 1244 [1]. Puis viennent ceux de l'Hôtel-Dieu de Pontoise, qui paraissent avoir été rédigés un peu avant la mort de saint Louis [2], et enfin les « Constitutions le roi de France, lesquels l'on doit garder en la Meson-Dieu de Vernon, » qui furent probablement écrites vers la fin du XIIIe siècle, pendant la période qui s'écoula entre la mort et la canonisation du roi [3].

Il suffit de rapprocher les uns des autres ces trois textes pour constater qu'ils appartiennent à la même famille : la distribution des matières n'y est pas la même à la vérité, mais ils offrent un grand nombre de chapitres communs, et dans certains cas, les obscurités de l'un peuvent s'éclairer par les passages correspondants des autres.

Cependant, si leur affinité est évidente, c'est une question assez délicate que de déterminer le degré de parenté qui existe entre eux. Malgré leurs nombreux points de contact, les prescriptions spéciales qu'ils renferment sur certains sujets et surtout la diversité des expressions et des tournures de phrases qu'on remarque dans la rédaction des articles communs à ces trois documents nous avaient d'abord fait supposer qu'ils étaient indépendants les uns des autres et découlaient de quelque charte hospitalière, perdue aujourd'hui, qui leur aurait servi de prototype.

Un examen plus approfondi permet de reconnaitre qu'il n'en est pas ainsi. Ces textes, comme nous le montrerons, procèdent bien d'un type unique, mais un seul d'entre eux a puisé directement à la source primitive, c'est celui de Lille ; les autres ne participent à l'original que par l'intermédiaire des statuts de l'hôpital Comtesse, que ceux de Pontoise ont copiés en grande partie, avant d'être imités eux-mêmes par ceux de Vernon.

Quant aux constitutions qui ont servi de modèle à la règle de

[1] Le 26 septembre 1245, Innocent IV approuva le choix que les frères et sœurs de l'hôpital de Lille avaient fait de la règle de saint Augustin (*Inv. des arch. hospit de Lille*, n° 46).

[2] Léon Le Grand, *La Règle de l'Hôtel-Dieu de Pontoise*. Paris, 1891, in-8 (Extr. des *Mém. de la Soc. de l'hist. de Paris*).

[3] De Bouis, *Recueil des travaux de la Soc. libre de l'Eure*, 3e série, t. V, p. 542.

Lille, ce ne sont pas des constitutions hospitalières, mais simplement celles des Frères Prêcheurs modifiées dans la mesure nécessaire pour s'adapter à un ordre hospitalier.

Pour quel motif le rédacteur des statuts de Lille copia-t-il la règle de saint Dominique? C'est ce qu'on ne sait pas d'une façon positive; mais on peut supposer avec vraisemblance que ce rédacteur appartenait à l'ordre des Frères Prêcheurs et qu'il fut tout naturellement amené à proposer aux frères et sœurs de Lille les observances qu'il pratiquait lui-même. La place importante que les Jacobins avaient rapidement conquise dans la société religieuse du XIIIe siècle expliquerait assez qu'un d'entre eux eût été chargé de composer la règle de l'Hôtel-Dieu de Lille, de même que le célèbre Vincent travailla à la rédaction de celle de Beauvais [1].

Quelle que soit d'ailleurs la cause, l'effet est là, facile à constater : il n'est besoin pour cela que de mettre l'un à côté de l'autre les deux recueils de statuts. Mais avant de procéder à cette comparaison, il est indispensable de dire un mot de la formation des constitutions dominicaines et des différents aspects qu'elles ont revêtus.

Ces constitutions ont passé par deux états principaux. La première rédaction, qui fut promulguée en 1228, est l'œuvre du bienheureux Jourdain de Saxe, premier général des Frères Prêcheurs après saint Dominique; le texte en a été publié par le P. Denifle [2].

Peu d'années après, Raimond de Pennafort, troisième général de l'ordre, remania les statuts primitifs et leur donna la forme qu'ils ont conservée depuis lors, sous la réserve de quelques modifications de détail apportées, au cours des siècles, par les décisions des chapitres généraux. Ce remaniement toucha à l'agencement des matières beaucoup plus qu'au fond de la règle, et Raimond de Pennafort se contenta de ranger dans un ordre plus méthodique les prescriptions inscrites dans les constitutions primitives, en n'y ajoutant qu'un nombre très restreint de dispositions nouvelles. Le texte original de cette seconde rédaction n'est point parvenu jusqu'à nous, elle ne nous a été

[1] D'Achery, *Spicilegium*, t. XII, p. 60.

[2] *Archiv für Litteratur und Kirchen-Geschichte*, I, p. 165 : *Die Constitutionen des Prediger-Ordens vom Jahre 1228.*

transmise que par un recueil qu'Humbert de Romans composa sur la liturgie dominicaine, en 1256, et dans lequel il incorpora aux statuts des Frères Prêcheurs les décisions rendues par les chapitres généraux de 1240 à 1256 [1].

C'est au second état de la règle des Frères Prêcheurs que se rattachent les statuts de l'Hôpital-Comtesse dans la traduction littérale qu'ils donnent d'un certain nombre de ses passages; l'ordre selon lequel se succèdent les préceptes est le même que dans la seconde version des constitutions dominicaines, et les quelques passages ajoutés au texte de Jourdain de Saxe se retrouvent dans les statuts lillois.

L'auteur inconnu de ces statuts avait donc sous les yeux un manuscrit de la seconde rédaction des constitutions dominicaines, et il est probable que ce manuscrit appartenait à un couvent de femmes, car on a fait passer dans le règlement de Lille une partie de l'article *de Labore*, qui ne figure pas dans la règle proprement dite des Frères Prêcheurs, et qui se retrouve au contraire dans l'adaptation qu'on fit de cette règle aux communautés de religieuses dominicaines.

Sur les vingt-sept chapitres qui composent la règle de l'Hôtel-Dieu de Lille, dix-sept sont la reproduction, le plus souvent textuelle, de dispositions appartenant aux statuts des Frères Prêcheurs [2]. Mais en réalité, la proportion de l'élément dominicain dans cette règle est plus élevée encore que ne le ferait supposer ce calcul basé sur le nombre des chapitres, car ceux qui

[1] Archives du couvent des Frères Prêcheurs à Rome. Ce manuscrit étant inédit, nous suivons dans nos citations le texte des *Constitutiones Fratrum ordinis Prædicatorum* publié à Rome en 1566.

[2] Une citation de quelques lignes suffira à montrer la conformité des deux textes; nous l'empruntons au chapitre intitulé *De Apostatis* dans les constitutions des Frères Prêcheurs, et *Des fuitis et de la paine* dans celles de Lille. *Texte dominicain :* Quicumque apostataverit, ipso facto sit excommunicatus, quam sententiam ferimus ex nunc presenti statuto. Si vero misertus sui redierit, depositis in claustro vestibus, nudus cum virgis in capitulo veniat et prostratus culpam suam dicat et humiliatus veniam petat, et, quamdiu prelato placuerit, pene gravioris culpe subjaceat et in capitulo nudus se presentabit semel in singulis septimanis, etc. » — *Texte de Lille :* « Kicunques s'enfuiroit au siècle et s'il avenoit qu'il eut aucune fois merchit de lui meismes, qu'il revenist, et si grant signe de pénitance apparussent en lui que on le deuist rechevoir par droit jugement, il doit venir en capitle, nus, les verges en se main, et se doit coucier a tière et dire se coupe et requierre humlement pardon et sera mis en le paine de grief coupe qu'il a desservie, tant com il plaira al maistre de le maison et chascune semaine une fois se doit-il presenter nus en capitle et sera batus tant com il plaira à celui qui est souverains. »

dérivent des constitutions des Jacobins comptent parmi les plus développés, et l'on peut dire qu'ils représentent au moins les trois quarts du document.

Ces emprunts comprennent d'abord les règles relatives à l'entrée des frères et sœurs dans l'ordre : réception, vèture et instruction des novices, formule de profession des récipiendaires ; puis viennent les dispositions relatives à la vie des religieux et de la communauté : office religieux des clercs, prières pour les morts, tenue du chapitre hebdomadaire, discipline des repas, observation du silence, travail des sœurs, coupe des cheveux, saignées et soins à donner aux frères et sœurs malades ; enfin l'on rencontre une sorte de code pénal où les punitions encourues pour les différentes fautes sont rangées, suivant la gravité des cas, en quatre grandes classes, auxquelles s'ajoute une catégorie spéciale de châtiments réservés aux religieux qui s'enfuiraient de la maison.

Quant aux prescriptions dont le type ne se retrouve pas dans la règle des Jacobins, elles concernent l'office divin des sœurs et des frères lais, leur vêtement ainsi que celui des clercs, la nourriture et le jeûne, le dortoir, la nomination et les devoirs de la prieure, enfin « l'honneteté de la maisnie. »

De la règle de Lille, la plupart de ces préceptes d'origine dominicaine passèrent dans la règle de Pontoise. Celle-ci, à vrai dire, est un peu moins développée sur certains points et omet par exemple le chapitre relatif aux frères et sœurs malades; dans d'autres articles elle pratique des coupures, comme dans celui du *Labeur* ou dans ceux des différentes *coulpes*, mais pour le reste elle suit fidèlement la version de Lille.

Ce qui prouve bien que les statuts de Pontoise ont été calqués sur ceux de Lille et n'ont pas emprunté directement aux constitutions des Dominicains les articles dans lesquels ils se rencontrent avec celles-ci, c'est que toutes les fois que le traducteur lillois a apporté une modification au texte dominicain, ou y a introduit une addition, cette modification [1]

[1] Dans le même chapitre *De Apostatis* que nous citions plus haut, la règle des dominicains porte que le coupable « *duobus diebus in qualibet septimana* per annum in pane et aqua jejunabit; » les statuts de Lille modifient légèrement ce passage dans leur traduction, disant : « *Tous les vendis* de l'an junera-t-il en pain et en euwe; » et la regle de Pontoise suit fidèlement la version de Lille : « Tous les vendredis par an jeusnera en pain et en eau. »

ou cette addition [1] se retrouvent dans la rédaction de Pontoise.

Si les mêmes dispositions ne sont pas toujours exprimées en termes identiques, si les phrases sont différentes, tout en conservant le même sens, cela tient peut-être à ce que les textes que nous possédons aujourd'hui sont écrits en langue vulgaire et qu'il a pu y avoir, soit pour les deux règles de Lille et de Pontoise, soit au moins pour l'une d'entre elles, une rédaction latine dont le manuscrit parvenu jusqu'à nous n'est qu'une traduction.

Les quelques citations que nous avons données en note suffisent à faire saisir le procédé employé par le rédacteur inconnu de la règle de Pontoise et à montrer que c'est toujours à la version lilloise qu'il s'est référé pour les passages imités des constitutions dominicaines. Mais ce n'est pas là l'unique source à laquelle il ait puisé. Les statuts de Lille renferment peu de prescriptions relatives au soin des malades, ils n'ont traité cette matière que d'une façon accessoire en parlant des devoirs de la prieure. L'auteur de la règle de Pontoise a comblé cette lacune en reproduisant le chapitre inspiré par les statuts de Saint-Jean de Jérusalem, dont il paraît avoir emprunté le texte à la règle de l'Hôtel-Dieu de Paris, tout en y insérant certaines additions, relatives presque toutes à la réception des femmes en couches.

Ces formules concernant les malades ont été adoptées à leur tour par les constitutions que le roi fit édicter pour la Maison-Dieu de Vernon. C'est en effet la règle de Pontoise qui a servi de type à la règle de Vernon. Celle-ci présente, il est vrai, avec son modèle des différences notables de rédaction. Non seulement elle renferme diverses prescriptions qui lui sont propres,

[1] Comme exemple de ces additions étrangères au texte dominicain, on peut citer les prescriptions relatives à la tenue du chapitre. A la traduction des règles données à ce sujet par les constitutions des Frères Prêcheurs, les statuts de Lille ajoutent ce qui suit : « Chius cui on claime doit souffrir patiemment et soustenir en taisant duskadont que se penance li est enjointe, et le doit rechevoir dévotement, ne mie en murmure, et puis retourne à sen liu. Après chou se doit lever chil qui premiers est apriès lui, et ensi tout cil ki sunt au diestre costeit et tout ensi cil ki al seniestre.... » Or la règle de Pontoise renferme un passage analogue : « Après, la pénitance qui luy sera enjointe sans murmure et sans clameur reçoive humblement, et ainsy retourne à son lieu. Après, se liève la première qui après celle-là sied et se accuse, et dont après touttes celles du costé dextre et puis celles du costé senestre. »

mais, même dans les passages qu'elle emprunte à Pontoise, elle entre souvent en plus de détails : l'idée est la même, mais développée et amplifiée. Des arguments analogues à ceux que nous venons d'exposer à propos de la règle de Pontoise montrent également que celle de Vernon n'a pas été copiée directement sur les statuts des Frères Prêcheurs. On peut affirmer aussi qu'elle procède immédiatement des statuts de Pontoise et non pas de ceux de Lille, puisqu'elle renferme plusieurs articles qui manquent à ceux-ci et se retrouvent dans ceux-là ; on peut citer notamment, en dehors des chapitres relatifs aux malades, le début du prologue, l'obligation pour les novices d'apprendre le *Pater*, l'*Ave* et le *Credo*, s'ils l'ignorent, et la défense de révéler les secrets du chapitre.

Enfin, il est certain que ce sont les constitutions pontoisiennes qui ont servi d'intermédiaire entre celles de Lille et de Vernon, à l'exclusion de l'hypothèse inverse, car la règle de Pontoise renferme certains articles, comme celui de « l'honnêteté de la maisnie, » qui existent dans la règle de Lille et manquent dans celle de Vernon [1], tandis que cette dernière n'offre aucune disposition qui lui soit commune avec les statuts de l'Hôpital-Comtesse et qui ne se lise pas en même temps dans ceux de Pontoise. Cela s'accorde bien d'ailleurs avec ce que nous savons de l'âge respectif de ces différents textes, puisque, comme nous le disions plus haut, la règle de Pontoise a dû être composée avant la mort de saint Louis [2], tandis que celle de Vernon semble

[1] On peut citer également ce passage du chapitre des constitutions dominicaines intitulé *De novitiis et eorum instructione :* «.... Doceat eos.... quomodo sibi danti aliquid vel auferenti, male vel bene dicenti, inclinare debeant.... Neminem penitus judicent.... sepe enim humanum fallitur judicium. » La règle de Lille en donne la traduction suivante : « .... Mais à chiaus qui leur donne aucune cose, ou tollent, ou bénissent, ou maudissent, doivent encliner, et qu'il ne doivent nullui jugier par soupechon, car li jugement humain sunt souvent deçut; » et la règle de Pontoise reproduit la même version : « .... Mais à celuy ou à celle qui aucune chose leur donnera ou offrira, ou bien ou mal leur dira, s'enclinent. Adecertes n'ayent, ni ne monstrent nully soupçonnans : souvent est deceu l'humain jugement. » Au contraire, les constitutions de Vernon sont muettes sur ce point.

[2] A la fin du prologue on lit ces mots : « Adecertes ces trois devandits prestres, chacun [jour] espécialement, tant qu'il vivra, pour le noble roy de France Louis, patron de la maison, sera tenu célébrer messe du Saint-Esprit ou de Nostre-Dame, et après son obit, chacun jour perpétuellement, messe; » et au XIXe chapitre : « Chacun an soit fait solennellement et dévotement l'anniversaire du noble roy Louis, fondateur de la maison, au jour de son obit, l'anniversaire de reine Marguerite, sa femme, etc. »

appartenir à la période qui s'écoula entre la mort et la canonisation du roi [1].

V.

Cet exposé des constitutions hospitalières du XIIIe siècle serait incomplet, si nous ne disions pas quelques mots d'un ordre religieux qui a eu la direction d'un certain nombre de Maisons-Dieu, parmi lesquelles on peut citer celles de Lisieux [2], de Meaux [3], de Compiègne [4], de Verberie [5], de Bar-sur-Seine [6], de Fontainebleau [7], de Châteaufort [8], de Fontenai-lez-Louvre [9]. C'est l'ordre

[1] Chapitre XIV : « A le anniversaire le roi Loïs fondeor de la meson Dieu de Vernon, diront chascune et chacun por l'ame d'icel roi et le roi Lois, son père, et la reine Blanche, sa mère, et touz ses encesseurs, por vespres et por vegiles de morz C foiz *Pater noster* et autant *Ave Maria*....; » — Chapitre XV : « Et il est à savoir que les sereurs useront de sain et non de char aus lundis et aus mecredis, mès que...., à le anniversaire au roi Lois qui fonda la meson. »

[2] Ils y furent établis en 1220. (Ch. Vasseur, *Notice sur la maison-Dieu et les Mathurins de Lisieux*, dans le *Bulletin monumental*, t. XXX, p. 131.)

[3] L'Hôtel-Dieu de Meaux fut confié aux Trinitaires en 1240. Voy. du Plessis, *Histoire de l'église de Meaux. Pièces justific.*, n° 340. Ils y restèrent jusqu'en 1520. Une enquête de 1291 montre qu'à côté des frères il y avait dans cet hôpital des sœurs dépendant du ministre des Trinitaires. (*Ibid.*, n° 433.)

[4] Arch. hospit. de Compiègne, fragment de cartulaire du XVe siècle, contenant un mémoire intitulé : *C'est le fait de la maison-Dieu de Compiègne :* « Item l'an CCLVII ly papes Clémens manda au menistre de la Trinite que, se il plaisoit au roy, il meist audit hostel freres des Matelins, liquel gouverneroyent en temporel et espirituel, nonobstant la contradiction de ceulx de S. Corneille. » (Voyez plus bas la citation que nous donnons de la bulle de Clement IV.)

[5] Ils paraissent avoir occupé cet Hôtel-Dieu lors de l'installation de leur ordre à celui de Compiègne et ils l'administraient encore à la fin du XVIIe siècle (Arch. nat., S 4269 b). Philippe le Bel leur amortit 20 livres de rente en 1310 (Arch. nat., JJ 45, n° 124, fol 83 v°).

[6] Les Trinitaires succédèrent aux religieux de Roncevaux dans la direction de la maison-Dieu de Bar-sur-Seine, en 1303. (Arch. nat., S 4269. Cf. Coutant, *Histoire de Bar-sur Seine*, p. 352.)

[7] Arch. nat., JJ 26, fol 346 (1259). Donation par saint Louis aux Trinitaires de la chapellenie de Fontainebleau.... « ad edificandum et fundandum in eadem domo et porprisio et circa basilicam in honore Sancte et Individue Trinitatis et hospitale pauperum infirmorum qui de circumadjacentibus locis desertis et aridis confluent... » Voy. Bibl. nat. Lat. 9753, obituaire et règle des Mathurins de Fontainebleau (XIIIe siècle).

[8] Arch. nat., LL 1544, fol. 71 v°. Hôtel-Dieu fondé par Mathilde de Marly, en 1253. Elle nomma l'abbé de Saint-Victor et le ministre général des Trinitaires tuteurs de la dite maison-Dieu. « Procuratores et tutores habeant potestatem plenariam ponendi personas utiles, pauperibus devote et humiliter servientes. »

[9] Arch. nat., LL 1544, 37 v° et suiv. Pièces relatives à la concession de cet hôpital aux Mathurins (mars 1242, n. st.).

des Trinitaires, connus vulgairement sous le nom de Mathurins, qui avait été fondé à la fin du XIIIe siècle, dans le double but d'assister les malades et de travailler à la rédemption des captifs.

Les statuts des religieux de la Sainte-Trinité, approuvés en 1198 par Innocent III [1], donnent assez peu de renseignements sur la manière dont la charité devait être exercée par eux. On voit seulement qu'ils étaient tenus de faire trois parts de leurs revenus : l'une employée à l'exercice des œuvres de miséricorde, la seconde destinée à leur propre entretien, et la troisième réservée aux frais du rachat des captifs. Mais cette dernière prescription n'était pas toujours appliquée dans les hôpitaux qu'ils administraient. Ainsi, quand le pape approuva leur installation à l'Hôtel-Dieu de Compiègne, il spécifia que les revenus de la maison ne seraient soumis à aucun prélèvement en vue de la rédemption des captifs, mais qu'ils seraient réservés à l'assistance des pauvres et des malades et à l'entretien de l'hôpital [2].

Leur règle recommande ensuite aux Mathurins de pratiquer largement l'hospitalité vis-à-vis des voyageurs, et, en ce qui concerne la réception des malades, les quelques préceptes inscrits dans leurs statuts semblent procéder des constitutions de Saint-Jean de Jérusalem. A son entrée en effet, le malade doit se confesser, et le soir, dans la grande salle de l'hôpital, on récite pour le bien et la paix de l'Église et de la chrétienté, ainsi que pour les bienfaiteurs de la maison, une prière qui rappelle la belle formule offerte par le cérémonial des hospitaliers de Saint-Jean de Jérusalem : « Seignors malades, priés por la pais : que Dieus la nos mande de ciel en terre.

« Seignors malades, priés por le fruit de la terre, que Dieus le multeplie en cele manière que Dieus en soit servis et la crestienté sostenue, etc. [3]. »

Il serait intéressant de comparer également aux règles des divers Hôtels-Dieu les constitutions des religieux hospitaliers de Saint-Antoine, qui avaient pour mission de recueillir les malheureux atteints du mal de saint Antoine et celles des Frères de la Charité Notre-Dame, fondés par Gui de Joinville à la fin du

[1] Coquelines, *Bullarium*, t. III, 77.
[2] E. Jordan, *Registres de Clément IV*, p. 172, n° 532.
[3] Bibl. nat., Fr. 6049, fol. 138.

XIIIe siècle et établis à Paris, puis à Senlis : mais cette comparaison est impossible à faire, car nous ne possédons pas le texte primitif des statuts de ces deux ordres hospitaliers [1].

VI.

Les archives des hôpitaux sont loin d'être toutes explorées; il est probable qu'à mesure que les inventaires et les monographies se multiplieront, l'existence de nouveaux statuts nous sera révélée; mais les textes que nous possédons jusqu'ici forment un ensemble suffisant pour que les conclusions que nous en avons tirées au cours de cette étude n'aient pas chance d'être sensiblement modifiées par les découvertes futures.

Rappelons-les rapidement en terminant.

Dès le commencement du XIIIe siècle se fit sentir le besoin de rédiger les usages observés dans les différents hôpitaux. Sous l'impulsion que lui donnèrent les conciles provinciaux tenus à Paris en 1212 et à Rouen en 1214, ce mouvement de codification prit une rapide extension, et c'est dans le courant de ce siècle que la plupart des chartes réglant l'administration intérieure des Maisons-Dieu furent promulguées sur tous les points de la France. C'est une exception quand on ne rencontre dans les établissements charitables fondés anciennement que des statuts postérieurs au XIIIe siècle, comme cela se produit pour l'Hôtel-Dieu de Chartres [2], en 1344; pour l'hôpital de l'Écoterie à Saint-Omer [3], en 1417; pour celui de Saint-Jean en l'Estrée d'Arras [4], en 1438; pour celui des Ardents au Mans, en 1473 [5], et dans ce

[1] Nous ne connaissons pour l'ordre de Saint-Antoine que les statuts rédigés par les réformateurs de 1478. (Arch. nat., MM 192, p. 123. *Recueil des bulles... contenans les privilèges.... et partie des constitutions de l'ordre de Saint-Antoine de Viennois*, plaq. in-4, et Holstenius, *Codex regularum*, éd. de 1759.) La rédaction qui nous a été conservée de la règle des Frères de la Charité ne date que du commencement du XVIe siècle. (*Constitutiones Fratrum Caritatis Beate Marie*, s. l. n. d., in-8.)

[2] L. Merlet, *Inventaire des archives hospitalières de Chartres*. Introduction, p. XIII.

[3] L. Deschamps de Pas, *Recherches historiques sur les établissements hospitaliers de Saint-Omer*. Saint-Omer, 1877, in-8, p. 108-110.

[4] J.-M. Richard, *Cartulaire de Saint-Jean en l'Estrée d'Arras*, p. 96. Ce règlement n'est qu'un renouvellement d'ordonnances plus anciennes.

[5] Cauvin, *Établissements hospitaliers du diocèse du Mans*, p. 51. Un extrait des registres capitulaires de Toul, conservé aux archives nationales (S 4934), montre qu'en 1332 le chapitre édicta un règlement sur les fonctions du maître

cas ce ne sont parfois que des renouvellements d'ordonnances plus anciennes. Bien souvent les règles du XIVe et du XVe siècle s'appliquent à des maisons de création récente et leur ont été données par leurs fondateurs : tels les statuts de l'Hôtel-Dieu de Chambéry (1370) [1], ceux de l'Hôtel-Dieu de Beaune [2] (1443), ceux de l'hôpital Sainte-Élisabeth de Roubaix [3] (XVe siècle).

Les statuts des Hôtels-Dieu ont presque toujours pour base commune la règle de saint Augustin, dont les préceptes généraux sont complétés pour chaque maison par un ensemble de prescriptions particulières. Les frères et les sœurs qui desservent les différents hôpitaux constituent ainsi autant de petits ordres religieux indépendants, vivant sous une règle distincte et soumis à la surveillance de l'évêque.

On trouve habituellement dans chaque région un établissement hospitalier important dont la règle sert de type aux Maisons-Dieu voisines, qui se contentent le plus souvent de la transcrire purement et simplement. Ainsi se forment par provinces des groupes d'hôpitaux qui, tout en restant autonomes, sont régis par des lois semblables. Parmi les villes dont l'Hôtel-Dieu fournit un modèle à l'organisation des autres établissements charitables de la contrée, on peut citer Montdidier et Noyon pour la Picardie; Paris pour l'Ile-de-France; Troyes pour la Champagne; le Mans pour le pays du Maine; Lille pour la Flandre, avec extension de son influence jusqu'à Pontoise et Vernon.

La règle de saint Augustin, qui sert comme de prologue aux constitutions réparties entre ces différents groupes, n'est pas le seul lien qui les unisse. Presque toutes dans leurs chapitres les plus intéressants, c'est-à-dire dans ceux qui concernent le soin des malades, dérivent d'une source commune : les statuts des Hospitaliers de Jérusalem; presque toutes reproduisent textuellement la belle formule de Saint-Jean, d'après laquelle le malade, après avoir rempli ses devoirs religieux, doit être porté au lit et

de l'Hôtel-Dieu. Nous ignorons si cette ordonnance était plus étendue et avait les proportions de véritables statuts. En 1338, un accord passé entre l'Hôtel-Dieu de Compiègne et l'abbaye de Saint-Corneille régla l'administration intérieure de la maison.

[1] Hôpital fondé en 1370 par deux bourgeois de la ville, qui lui donnèrent un règlement dont le texte a été analysé dans la *Revue des sociétés savantes* (2e sér., t. VIII, p. 155).

[2] A. Bavard, *L'Hôtel-Dieu de Beaune*. Beaune, 1881, in-8.

[3] Leuridan, *Établissements charitables de Roubaix*, II, 249.

traité *comme le seigneur de la maison*, et plusieurs d'entre elles empruntent aux statuts des grands maîtres Raimond du Puis et Roger de Molins un certain nombre d'autres articles relatifs à la pratique de l'hospitalité.

Enfin l'influence d'un autre ordre religieux se fait sentir dans la règle de l'Hôtel-Dieu de Lille pour de là agir sur celle de l'Hôtel-Dieu de Pontoise, qui la transmet à la Maison-Dieu de Vernon. La règle de l'hôpital de Lille se compose en effet en grande partie d'emprunts faits aux constitutions des Frères Prêcheurs, qui donnent à la famille de textes dont celui de Lille est le chef une tournure plus spécialement monastique.

Telle est dans ses grandes lignes l'histoire des constitutions hospitalières du moyen âge, tels sont les principaux éléments ayant concouru à former les statuts sous lesquels vivaient ces « innombrables congrégations d'hommes et de femmes qui, dans toutes les régions de l'Occident, renonçaient au siecle et se consacraient avec une humble piété au service des pauvres et des malades [1]. »

LÉON LE GRAND.

[1] Jacques de Vitry, *Historia occidentalis*, chap. XXIX. « Sunt insuper alie tam virorum quam mulierum sæculo renunciantium et regulariter in domibus leprosorum, vel hospitalibus pauperum viventium, absque æstimatione et numero certo, in omnibus Occidentis regionibus, congregationes, pauperibus et infirmis humiliter et devote ministrantes. »

Revue des Questions Historiques, vol. LX, 1er juillet 1896.

LES MAISONS-DIEU

LEUR RÉGIME INTÉRIEUR AU MOYEN AGE

Indépendants les uns des autres, les hôpitaux du moyen âge étaient administrés par des congrégations de frères et de sœurs, qui formaient autant de petits ordres religieux distincts, obéissant chacun à des statuts particuliers, dont la rédaction date habituellement du XIIIe siècle.

Si l'on ouvre ces constitutions pour se faire une idée de la vie qui était menée dans les asiles préparés aux pauvres par la charité chrétienne, on voit qu'elles sont conçues généralement sur un plan commun, tout en gardant entre elles certaines différences de détail. Telles les églises élevées à cette époque offrent dans leur construction les mêmes lignes générales et ne se distinguent que par la façon dont l'architecte a traité chaque morceau, tels les statuts hospitaliers, appelés à régir des établissements analogues entre eux, laissent dans l'esprit de celui qui les lit la même impression d'ensemble. Il faut donc, pour les étudier, adopter la méthode qu'on emploie pour décrire les œuvres d'architecture, c'est-à-dire prendre successivement chacun des éléments communs qui les composent, en indiquer la structure générale, puis, entrant dans le détail de ces parties communes, noter les différences spéciales à chaque édifice, à chaque pays.

La plupart des constitutions hospitalières sont anonymes. Nous les comparions, il y a un instant, aux églises de leur époque : cette comparaison est encore juste ici; il est aussi rare de trouver le nom de leurs rédacteurs qu'il est difficile de découvrir le nom du maître de l'œuvre qui a tracé les plans de telle ou telle cathédrale célèbre. Sauf à Beauvais, où l'on sait que les statuts de l'Hôtel-Dieu furent dressés par l'archidiacre Garin et par le célèbre Vincent, sous-prieur des dominicains de cette ville ; à Troyes, où le règlement de l'Hôtel-Dieu le Comte paraît dû à l'aumônier du comte de Champagne ; à Paris, où l'auteur de la règle est Étienne, doyen du chapitre, ces textes ne portent pas le nom de leur rédacteur. Ils ont le plus souvent été promulgués par l'évêque du diocèse, qui, s'il ne les a pas composés lui-même, les a faits siens par cette promulgation, comme au Mans, à Montdidier, Amiens, Saint-Riquier, Lille, Angers, Rethel. Ce n'est cependant pas là une règle absolue, et les statuts sont parfois édictés par le fondateur de la Maison-Dieu, comme c'est le cas pour Saint-Pol et Château-Thierry. A Vernon, les constitutions sont données sous le nom du roi [1].

Tous ces statuts se composent d'une suite de chapitres, pourvus ou non de titres, qui se succèdent d'habitude sans ordre bien apparent. A Angers, les matières ont été rangées sous six chefs principaux qui répondent assez bien au contenu ordinaire des textes que nous étudions : ce sont le service divin, la réception des pauvres, la réception des frères et des sœurs, l'administration des biens, la sanction des fautes et les prières pour les morts.

A notre point de vue, ces divisions peuvent se ramener à deux principales : les préceptes relatifs aux frères et aux sœurs de l'hôpital et ceux qui concernent le soin des pauvres.

[1] Les statuts que nous aurons l'occasion de citer sont ceux des hôpitaux d'Amiens (d'Achery, *Spicilegium*, éd. in-4, t. XII, p. 54), d'Angers (C. Port, *Cartulaire de l'hôpital Saint-Jean d'Angers*, Paris, 1870, in-4 et in-8), d'Aubrac (Gaujal, *Études sur le Rouergue*, IV, 398), de Cambrai (Bruyelle, *Monuments religieux de Cambrai*, 1854, in-8, p. 191), du Mans (Cauvin, *Recherches sur les établissements de charité du diocèse du Mans*, 1825, in-12, p. 22), de Paris (Dubois, *Historia Eccl. Paris.*, II, 482), de Pontoise (L. Le Grand, *La Règle de l'hôtel-Dieu de Pontoise*, 1891, in-8), de Troyes (Guignard, *Les Anciens statuts de l'Hôtel-Dieu le Comte*, 1853, in-8), de Vernon (du Bouis, *Recueil des travaux de la Société de l'Eure*, 1857-1858), enfin ceux de Lille, du Puy et de Saint-Pol, qui sont encore inédits. Il ne faut pas oublier que beaucoup de ces statuts ont été adoptés par d'autres hôpitaux et qu'ils représentent par conséquent l'état des établissements hospitaliers dans un assez grand nombre de villes.

I. — LES RELIGIEUX HOSPITALIERS

1° *Réception des frères et des sœurs*

Le concile de Paris de 1212, en traçant les grandes lignes qui doivent servir de direction aux rédacteurs de statuts hospitaliers, insiste d'une façon spéciale sur la fixation du nombre maximum de membres que doit compter chaque congrégation, suivant les ressources de l'établissement qu'elle est appelée à administrer : « Un petit nombre de personnes, y est-il dit, peuvent suffire à soigner beaucoup de malades, et il serait souverainement injuste que le nombre des frères et des sœurs dépassât celui des pauvres assistés. Car si les fidèles ont enrichi les Maisons-Dieu de leurs aumônes, ce n'est pas pour entretenir des personnes bien portantes, mais pour soulager ceux qui souffrent. »

La plupart des statuts, s'inspirant de cette prescription, fixèrent un maximum au nombre des frères et des sœurs ; il n'y a qu'au Mans que cette disposition ne se trouve pas. Quelquefois elle est, comme à Lille et à Châlons, l'objet d'un acte spécial [1]. Il n'est permis de dépasser ce maximum que si l'intérêt évident de la maison l'exige, dans le cas où se présenterait un candidat apportant des ressources considérables [2]. Mais, comme le font observer les règles de Paris, d'Angers, de Pontoise, il faut soigneusement éviter le vice de simonie ; les préoccupations pécuniaires ne doivent jamais l'emporter sur les considérations morales et amener l'admission de membres indignes [3].

Le nombre prescrit varie naturellement suivant l'importance de chaque établissement. A Paris, par exemple, ce n'est pas trop de compter huit frères clercs, dont quatre revêtus de la prêtrise, trente frères lais et vingt-huit sœurs, tandis qu'à Angers, on peut se contenter de dix personnes de chacune de ces catégories et qu'à Amiens ce nombre s'abaisse à trois frères clercs, quatre lais et huit sœurs.

[1] D'Achery, *Spicilegium*, XII, 62. Fondation de l'hôpital de Lille (1237). — Archives de la Marne, G 491, n° 3. Lettres du chapitre, 1261.

[2] Règle d'Angers, art. 17.

[3] Cf. Bibl. nat., lat. 17509. Jacques de Vitry, *Sermo ad Hospitalarios*.

La réglementation sévère du nombre des frères et des sœurs est un des points des statuts que les congrégations hospitalières eurent le plus de peine à observer. Les supérieurs étaient en butte à des sollicitations de toutes sortes de la part de personnes qui espéraient trouver dans la fraternité de l'hôpital des conditions assurées d'existence [1]. Il y avait souvent, de la sorte, tendance chez ces petites congrégations à se transformer en quelque sorte en maisons de retraite pour les frères et les sœurs au détriment de l'exercice des œuvres de miséricorde, et les évêques ou l'autorité civile durent maintes fois intervenir pour les rappeler à leur véritable mission [2].

Une des causes qui durent avoir une fâcheuse influence sur la trop grande multiplication des frères et des sœurs dans les Maisons-Dieu fut l'usage où étaient les rois, à l'occasion de leur avènement, de nommer à une place de frère ou de sœur dans tous les établissements charitables de fondation royale ou placés sous la sauvegarde du souverain. Les solliciteurs profitaient avec empressement de ce droit de joyeux avènement, sans se préoccuper naturellement de savoir si le nombre fixé par les statuts était ou non dépassé.

Il faut reconnaître d'ailleurs que les hôpitaux se pliaient difficilement à cette contrainte : ils n'hésitaient pas à faire appel au pouvoir judiciaire, pour repousser les intrus, quand le droit du roi n'était pas bien établi [3]. Un jugement de ce genre, réformant une sentence du bailli d'Amiens, retrace d'une façon très vivante ce qui se passait en pareil cas [4].

[1] Archives hospitalières de Cambrai, n° 392, 3 juillet 1312 Lettres de Pierre, évêque de Cambrai, aux sœurs de l'Hôtel-Dieu Saint-Jean : « Vestre devocionis nobis porrecta peticio continebat quod pro eo quia in vestro hospitali certum sororum et determinatum numerum non habetis, plerumque multi nobiles et potentes quorum vota refutare propter eorum potentiam formidatis, vos frequentibus et importunis (*déchirure*) inquietant ut persone [in]habiles multas et ipsi hospitali inutiles in vestras et hospitalis predicti sorores recipiatis.... »

[2] Voy. la note précédente. — Arch. hospit. de Cambrai, n° 420, lettres de l'évêque Robert, 6 février 1371, n. st. — J.-M. Richard. *Cartulaire de Saint-Jean d'Arras*, p. 35 et 65 : règlement des échevins (1285) et charte d'Eudes de Bourgogne (mars 1358).

[3] Voy. des procès de ce genre au parlement pour les hôpitaux d'Arras et d'Étampes, les léproseries de Soissons et de Bruyères, au XIVe siècle. Arch. nat., X[1A] 13, fol. 88 ; 20, fol. 3 ; 16, fol. 100 ; 19, fol. 313 v°.

[4] Arch. nat., X[1A] 6, fol. 336, 24 juillet 1333. Voy. JJ 64, n° 39, janvier 1326 (n. st.), l'approbation d'une sentence du bailliage de Bourges déclarant que le roi n'a pas droit de placer à son avènement une sœur à l'abbaye Notre-Dame de Ne-

Une certaine Agnès de Wes avait obtenu de Charles IV des lettres lui accordant, par don de joyeux avènement, une place de sœur à l'Hôtel-Dieu d'Amiens, pourvu que cet hôpital fût reconnu soumis à l'exercice du droit royal. Après information sommaire faite sur ce point, le lieutenant du bailli rendit une sentence déclarant que le roi était en droit de faire cette nomination. Un sergent fut chargé de faire exécuter la sentence ; il introduisit Agnès dans l'hôpital, fit commandement au maître, aux frères et aux sœurs de l'admettre à la fraternité, et lui bailla le pain et le vin en signe de sa réception. Les religieux repartirent que jamais ils ne consentiraient à laisser cette femme habiter l'Hôtel-Dieu ni à la nourrir, et ils lui arrachèrent des mains le pain et le vin que le sergent lui avait baillés. Ils obtinrent des lettres prescrivant une nouvelle enquête, où ils établirent qu'ils n'étaient pas soumis à l'exercice du droit de joyeux avènement, alléguant notamment que leurs statuts, confirmés par le saint-siège, limitaient à un chiffre fixe le nombre des membres de leur congrégation. La cour se rendit à ces raisons et donna gain de cause à l'Hôtel-Dieu.

Cette jurisprudence n'était pas constante, et quelques années plus tard on voit, dans un procès de même nature soutenu par l'Hôtel-Dieu de Saint-Riquier [1], le Parlement adopter la thèse soutenue par le procureur du roi, et déclarer que le souverain avait notoirement le droit, à son avènement, d'introduire un membre nouveau dans toutes les maisons charitables placées sous la sauvegarde royale [2].

En dehors de ces admissions anormales, toute personne qui désirait se vouer au service des pauvres dans un Hôtel-Dieu devait d'abord obtenir l'agrément du maître [3]. Indépendamment des qualités morales exigées pour cette existence de dévouement, le postulant devait être de condition libre [4] et non engagé dans les

vers, et X[1A] 11, fol. 3 v°, 22 nov. 1343, un arrêt du Parlement rendu, dans le même sens en faveur de la léproserie d'Acy.

[1] Arch. nat., X[1A] 12, fol. 66, 22 décembre 1347.

[2] Vers le milieu du XVe siècle, l'aumônier du roi, Jean d'Aussy, fit dresser un catalogue des « lieux et Hosteiz-Dieu et maladreries et hospitaux donnes par l'aumosnier du roy à cause de son joyeux advenement. » Bibl. nat., 5199, fol. 154.

[3] Paris, art. 3.

[4] L'entrée dans un Hôtel-Dieu pouvait être une cause d'affranchissement, ainsi on voit, en 1317, Henri de Touy déclarer que Johannin, son homme de corps, demeurera franc tant qu'il sera frère en la Maison-Dieu de Vignandelain (Arch. nat., JJ 64, n° 569, confirmation par Charles IV).

liens du mariage. Dans le cas où deux personnes mariées auraient voulu d'un commun accord renoncer à la vie du monde, elles ne pouvaient entrer ensemble dans la même congrégation hospitalière [1]. On n'admettait pas non plus les personnes ayant fait profession dans un autre ordre religieux, ou chargées de dettes qu'elles fussent incapables de solder. Au point de vue physique, les maladies secrètes, la lèpre, l'épilepsie, formaient obstacle à l'admission, et l'aspirant, ou l'aspirante, devait être assez vigoureux pour soigner les malades, pour les « lever et coucher [2]. » Enfin, dans certains Hôtels-Dieu, comme celui d'Angers, on voit invoquer un curieux motif d'exclusion : les femmes trop belles et trop jeunes ne pouvaient être reçues comme sœurs [3].

A Lille, les frères n'étaient admis qu'entre vingt et soixante ans, les sœurs entre vingt et cinquante. Les règles de Pontoise et de Vernon reproduisent à peu près les mêmes conditions d'âge [4].

Dans la plupart des constitutions hospitalières, à Amiens, à Cambrai, à Saint-Pol, à Lille, à Pontoise, à Vernon, on commençait par imposer au nouveau venu un certain temps de probation pour s'assurer qu'il était capable de supporter les austérités de la règle [5]. Pendant ce noviciat, dont la durée était habituellement d'un an, mais qui, à Cambrai, ne se prolongeait que six mois, on enseignait au postulant les devoirs qu'il aurait à remplir ; on lui apprenait ses prières, s'il ne les savait point par cœur [6]. Les statuts de Lille et leurs dérivés de Pontoise et de Vernon reproduisent tout au long la règle des Dominicains, où l'on traite de la manière d'instruire les novices. Le frère, ou la

[1] Troyes, art. 2; Cambrai, 12; Paris, 7.

[2] Saint-Pol, art. 5 et 9; Vernon, 1.

[3] Angers, art. 38. Le corps des statuts de Saint-Jean de Jérusalem offre une disposition analogue édictée en 1260 : « Les priours aient poier de recevoir celes serors qui ne soient jeunes ni de age sespeichos. » Bibl. nat., fr. 6049, fol. 83.

[4] Ces trois règles sont les seules qui énoncent l'ensemble des conditions d'admission que nous venons d'indiquer; elles les empruntent aux constitutions des Frères prêcheurs.

[5] Outre les divers statuts, on peut citer le texte suivant relatif à l'hôpital Saint-Jean de Péronne, où il est dit qu'un frère a été reçu « infra annum probationis dumtaxat juxta ipsius hospitalis et religionis statuta et ordinaciones. » Arch. nat. X[1A] 58, fol. 210.

[6] Amiens, art. 15. Le novice doit apprendre le *Pater*, le *Credo*, l'*Ave* et le *Miserere*.

sœur, chargé de leur formation devait les façonner aux observances de la règle et à la pratique de la vie religieuse, leur enseigner le renoncement, l'humilité de cœur, la charité envers le prochain, la bienséance [1].

A l'expiration du noviciat, si le postulant persistait dans sa résolution et si la communauté, consultée en chapitre, décidait son admission, on le revêtait de l'habit religieux, et le nouveau frère prononçait entre les mains du maître, la nouvelle sœur entre celles de la maîtresse [2], la formule de profession qui comprenait les trois vœux de pauvreté, d'obéissance et de chasteté, avec, en plus, le vœu spécial de servir les pauvres malades.

Chaque hôpital un peu important constituait donc, comme nous le disions en commençant, un véritable ordre religieux, et parmi les règlements que nous connaissons, nous n'avons guère rencontré que celui de l'Hôtel-Dieu de Coutances qui ne parle point des vœux de religion, la congrégation qui administrait cette maison paraissant n'avoir été primitivement qu'une simple confrérie pieuse. On doit cependant noter que les statuts du Puy ne prescrivaient pas le renoncement absolu à la propriété, puisque les membres pouvaient posséder des objets mobiliers dans les bâtiments de l'hôpital [3] et faire des dispositions testamentaires avec l'autorisation du maître. Ces constitutions ne font pas non plus allusion au vœu de chasteté et mentionnent simplement le serment d'obéissance.

A tous ces hôpitaux s'appliquaient les observations sur la vie religieuse que présente, en termes qui méritent d'être rappelés, le prologue de la règle de l'Hôtel-Dieu le Comte à Troyes : « Or appelle l'an estat de religion personnes qui sont confermées, obligées et reliées à garder, non pas tant seulement les commandemens de Dieu ès quiex sont obligiés touz bons crestiens et crestiennes, mais il sont reliés et obligiés à garder le conseil et la perfection de la sainte envangile, qui sont contenus en III veuz qui sont appellés, le premier, obédience : mettre sa volenté en la volenté de son mestre.... ; le secont veu si est povreté;

[1] Ainsi on accoutumait le novice à ne jamais boire qu'assis et en tenant son verre à deux mains.

[2] Saint-Pol, art. 13.

[3] Un arrêt du Parlement du 4 avril 1408 montre qu'à cette époque on laissait aux religieux de l'Hôtel-Dieu de Paris l'usage de leurs biens, à condition d'en déclarer la valeur chaque année (Coyecque, *l'Hôtel-Dieu*, I, 323).

car personne qui tel veu fait, il laisse le monde et s'en va liement en Paradis, si comme fait uns pelerins qui n'est pas chargiés, qui n'a que son bourdon et s'escharpe (sa besace);

» Li tiers veu si est chasteté : donner son corps à Dieu; et tel personne est semblable aus anges de paradis. Car saint Jéromes dit que vivre en corps charnel sans faire les euvres de la char et fait miex à dire vie d'ange que vie d'omme.

» Et regardés comment cy III veu, obédience, povreté et chasteté sont veu bien ordenez en meson de religion :

» Car tout ainsinc, comme l'en fait une meson, que il faut le fondement, les paroiz et le tet, et se une de ces III parties y failloit ce ne seroit pas meson, tout ainsinc personne de ceste maison qui fauroit à garder l'un de ces III veuz ne seroit pas ne vrays frères ne vraye suer de la Meson Dieu.

» Et est obédience li fondemens de perfection ainsinc comme est assise seur le bon fondement. Povretez est ainsinc comme sont les paroiz de la meson, car, se chascune personne de religion vouloit faire sa bourse et tout ne retornoit au commun, la communité seroit perdue, ainsinc comme la meson chiet comme les paroiz se devisent. Mais chasteté est le toit et la couverture, car, quant il n'a point de toit sur la meson, il pleut partout : ainsinc quant une personne de religion se meffait de son corps en ne dit pas : « Ce a fait cilzeulx ou celle folle, » mais en dit communément : « L'ont fait cilz de la Maison Dieu. »

Les infractions aux vœux prononcés lors de la profession étaient punies des peines les plus sévères.

Quelque religieux d'un hôpital enfreignait-il le vœu de pauvreté en détenant clandestinement de l'argent, à Amiens on lui imposait une dure pénitence de quarante jours, pendant lesquels il jeûnait au pain et à l'eau chaque vendredi ; à Troyes et à Saint-Pol, on pouvait l'expulser de la maison, surtout en cas de récidive. Si c'était après la mort du coupable qu'on constatait sa faute, la plupart des statuts prescrivaient de le traiter comme un excommunié et de le priver de la sépulture ecclésiastique ; son corps était jeté comme celui d'un chien, suivant les termes de la règle de Troyes, enterré dans le fumier, disent les statuts de Saint-Pol [1].

[1] Jacques de Vitry, dans ses *Sermones ad Hospitalarios*, insiste sur l'observation du vœu de pauvreté : « Nullo modo vobis salus esse poterit, nisi omnia

La désobéissance était également rangée parmi les fautes les plus graves, de même que le « péché de chair » qui, suivant les règles de Lille et de Pontoise, devait être puni plus sévèrement que toute autre faute : châtiments corporels, séparation de la communauté, quelquefois exclusion complète de la maison, telles étaient les peines habituellement réservées à la violation du vœu de chasteté ; à Troyes, si les deux coupables étaient frère et sœur de l'hôpital, le frère était chassé sans pitié et la sœur gardée à l'Hôtel-Dieu, mais privée du voile et soumise pour le reste de sa vie à une pénitence consistant en jeûnes et disciplines, à la discrétion du prieur et du chapitre.

La pureté des mœurs devait, en effet, être l'objet d'une réglementation particulièrement sévère dans ces congrégations mixtes, composées d'hommes et de femmes réunis dans le même établissement. Quelques fondateurs d'ordres religieux, comme Robert d'Arbrissel à Fontevrault, saint Norbert à Prémontré, avaient naguère tenté une juxtaposition de ce genre, mais cet essai fut promptement abandonné. En effet, dans les monastères ordinaires, aucune nécessité ne justifiait un pareil usage, qui pouvait présenter de graves dangers, si la ferveur primitive venait à se relâcher. Dans les congrégations hospitalières, au contraire, l'activité des hommes et des femmes trouvait largement à s'exercer.

La combinaison de leurs efforts assurait de meilleurs soins aux malades, qui profitaient des qualités particulières à chaque sexe. Les sœurs veillaient à leur chevet avec cette sollicitude quasi maternelle, ou pansaient leurs plaies avec cette délicatesse de main dont les femmes ont le secret ; elles seules étaient capables d'entretenir convenablement le linge, dont le rôle est si important à l'hôpital ; elles seules savaient entourer les pauvres de ce bien-être qu'une ménagère attentive répand dans une maison [1]. Mais à d'autres points de vue, le ministère des frères était d'une grande utilité, et dans certaines Maisons-Dieu c'était à eux qu'était réservée l'assistance des malades du

fratribus et sororibus communicatis et propriori vestro resignetis. » Bibl. nat., 17509, fol. 79 v°.

[1] Les statuts de la léproserie de Pontoise, promulgués en 1315 par l'évêque de Paris, indiquent bien ce rôle des sœurs « que circa infirmorum et famulorum custodiam et alia in domo agenda, que religiosarum statum deceant feminarum, devote intendant. » Arch. nat. JJ 52, fol. 112.

sexe masculin [1]. Aux frères lais appartenait la mission de travailler à l'exploitation rurale qui était habituellement jointe à chaque hôpital [2], et c'étaient eux qui, d'une façon générale, veillaient à la gestion des biens [3]. Enfin les prêtres et les clercs étaient toujours prêts à administrer les sacrements aux malades et les entouraient des consolations spirituelles, dont ceux qui souffrent comprennent si bien le prix [4].

Les précautions les plus sages et les plus sévères étaient prises par tous les statuts pour éviter toute espèce de désordres. Dans tous les hôpitaux, sans exception, une séparation rigoureuse existait entre les dortoirs et les réfectoires respectifs des frères et des sœurs. Défense était faite aux frères de pénétrer dans le quartier des sœurs et réciproquement. Si quelque raison sérieuse les y obligeait, ils ne pouvaient le faire seuls.

Il était défendu aux sœurs de servir les frères, de leur donner des soins, de faire leurs lits [5]. Si une punition était infligée à une sœur, les frères ne pouvaient y assister, et *vice versa* [6]. Toute conversation particulière entre les uns et les autres était interdite; ils ne devaient se parler que pour le service de la maison [7]. La chapelle et les salles des malades, tels étaient les seuls lieux où ils eussent à se trouver ensemble [8], et leur chapitre ordinaire était généralement tenu séparément.

C'est un grand honneur pour les congrégations hospitalières d'avoir, grâce à l'observation fidèle de leurs règlements, échappé aux dangers que pouvait offrir cette organisation. Le fait seul que pendant plusieurs siècles on continue à voir côte à côte des

[1] C'est du moins la pratique que recommande Jacques de Vitry dans un de ses sermons. Bibl. nat., lat. 17509, fol. 80.

[2] Arch. nat, P 136, fol. 255. 18 mars 1384 (n. st.). Déclaration de temporel de la Maison-Dieu de Noyon : « Item il y a V convers pour adrecier les maisnies et serviteurs dudit hospital et Maison-Dieu à ahenner les terres et faire les autres labeurs. »

[3] Un règlement des échevins d'Arras rendu en 1285 montre clairement les rôles respectifs des frères et des sœurs : « qui viri bonorum temporalium dicte domus curam habebunt, et mulieres ibi servient pauperibus et infirmis » (J.-M. Richard, *Cartulaire de Saint-Jean en l'Estrée*, p. 36).

[4] Paris, art. 5; Saint-Pol, 2 et 34; Troyes, 36, 37, 46, 78.

[5] Paris, art. 32; Pontoise, 6; Vernon, 12.

[6] Amiens, art. 27; Paris, 34.

[7] Cambrai, art. 4; Lille, 1, 5; Angers, 37.

[8] A Angers, par exemple, les frères et les sœurs servaient les malades à leurs repas. Jacques de Vitry, dans ses sermons, recommande avec instance d'éviter toute familiarité entre les frères et les sœurs. Bibl. nat., lat. 17509, fol. 80.

frères et des sœurs dans les Hôtels-Dieu montre que, dans la grande majorité des cas, la régularité de la vie n'en était pas troublée, car des organismes viciés n'auraient pas résisté à l'action du temps.

C'est seulement à la fin du xve siècle que le relâchement des mœurs amena des abus qui provoquèrent, au siècle suivant, la disparition des frères [1]. Auparavant les documents ne nous révèlent que rarement des désordres sur ce point. Eude Rigaud, si sévère sur le chapitre des mœurs, ne signale qu'un religieux hospitalier accusé de mauvaise conduite, et c'était hors de l'établissement [2].

Les procès-verbaux de visites des hôpitaux du diocèse de Paris, dressés au milieu du xive siècle, ne font allusion à une faute de ce genre que dans une seule maison. Encore faut-il observer que la maladrerie où elle s'était produite ne paraît pas avoir été administrée par des religieux proprement dits [3]. Il exista, en effet, dans les campagnes, au moyen âge, un nombre considérable de petites Maisons-Dieu ou de léproseries, trop peu importantes pour que leur personnel constituât une véritable congrégation religieuse, et dont les administrateurs prenaient cependant le titre de frères et de sœurs et revêtaient l'habit religieux. Ce sont celles dont parle l'auteur du prologue de la règle de l'Hôtel-Dieu de Troyes quand il dit : « En mout d'autres Mesons Dieu a maistres et sergens : ainsinc comme ils y viennent franchement quant il leur plait, franchement il s'en pueent départir. » Ces hospitaliers ne prononçaient point de vœux, souvent même ils étaient engagés dans les liens du mariage ; mais ils étaient nommés par l'évêque et placés sous sa surveillance immédiate. Leurs fonctions, remplies ailleurs par des religieux profès, leur titre de frères et de sœurs et le costume qu'ils revêtaient, leur donnaient un caractère semi-religieux. C'est un des exemples de cette confusion, fréquente au moyen âge, entre la société cléricale

[1] Voy. Coyecque, *L'Hôtel-Dieu de Paris*, I, 184, 318, etc.

[2] *Regestrum*, Hôtel-Dieu de Rouen, p. 563. — A Gournay (p. 283, 319, 413) la séparation entre frères et sœurs est mal observée, mais le contexte montre que cet Hôtel-Dieu ne renfermait pas des religieux proprement dits, que c'étaient des personnes mariées.

[3] Arch. nat. L 409, léproserie de Fontenay-sous-Bois. L'organisation du personnel dans les maladreries de villages était la même que dans les Maisons-Dieu peu importantes dont nous parlons ci-dessous.

et la société laïque, qui se pénètrent alors si profondément l'une l'autre, qu'on a souvent peine à déterminer la limite exacte qui les sépare.

Nous n'avons pas, dans une étude sur les statuts hospitaliers, à nous occuper de ces sortes de gardiens mis à la tête des hôpitaux de minime importance, puisque justement leur caractère distinctif consistait dans l'affranchissement d'une règle religieuse. Mais il était nécessaire de signaler au moins leur existence et de montrer qu'un nombre considérable de Maisons-Dieu échappaient à l'action de ces statuts dont nous cherchons à déterminer l'influence.

Des prescriptions relatives à la séparation sévère des frères et des sœurs on peut rapprocher le chapitre que certains statuts consacrent à l' « honnesteté de la mesnie [1]. » Les religieux hospitaliers ne pouvaient pas toujours suffire seuls à l'entretien de l'Hôtel-Dieu ; ils étaient obligés de recourir à des serviteurs qui exécutaient les gros ouvrages, à des servantes ou « meskines » qui aidaient les sœurs dans les travaux de nettoyage [2], dans les veilles de nuit [3], etc. Le premier devoir de ces mercenaires était, sous peine de renvoi, de tenir une conduite irréprochable au point de vue des mœurs.

Ces notions sur le personnel des hôpitaux seraient incomplètes si nous ne consacrions quelques lignes à une catégorie spéciale de membres qu'on appelait les « donnés » ou les « rendus. » C'étaient des hommes ou des femmes qui se *donnaient*, eux et leurs biens, à l'Hôtel-Dieu, mais conservaient, en tout ou en partie, l'usufruit de ces biens et ne faisaient pas profession religieuse. En retour de cet abandon et des services qu'ils s'engageaient à lui rendre, la maison promettait aux donnés de les entretenir jusqu'à la fin de leur vie comme les autres frères ou sœurs, et même souvent de leur assurer une existence plus large et plus confortable [4]. Le concile de Paris de

[1] Lille, II, art. 11; Pontoise, 20.

[2] Comptes de Saint-Julien de Cambrai (1360-1361). « A Hennette L'Alemande qui fu meskine de le sale.... » (Arch. hosp. de Cambrai). — Arch. hospit. de Soissons, n° 323, fol. 70 (1402-1403) : « Item pour Aubretine, méchine de l'ostelerie aus malades, VIII s. »

[3] Angers, art. 10; Saint-Pol, 28; Troyes, 94.

[4] Arch. nat., S 4846 (musée, n° 285), décembre 1276. Contrat par lequel les frères de l'hôpital du Saint-Esprit de Neufchâtel s'engagent à héberger et

1212 s'était élevé avec force contre cette institution, jugeant funeste pour la vie religieuse ce mélange de l'élément laïque [1]. Mais les statuts restèrent muets sur ce point [2], sans doute pour ne pas tarir la source de revenus que les établissements pouvaient tirer d'un semblable usage. On voit en fait que la plupart des Maisons-Dieu admirent des pensionnaires de ce genre [3], et il est probable que c'était souvent dans cette catégorie que prenaient rang, comme cela se passait à Noyon [4], les personnes placées dans les hôpitaux par les rois au moment de leur avènement.

2° *Le maître et la maîtresse*

Nous avons vu quelles règles présidaient à la formation des congrégations hospitalières et au recrutement de leurs membres; il nous faut à présent étudier le gouvernement de ces petites sociétés. Indépendamment de la surveillance générale qui appartenait à l'évêque sur les « lieux piteables » du diocèse [5]; indépendamment de l'action directe que le chapitre de l'église cathédrale exerçait habituellement sur l'Hôtel-Dieu des villes épiscopales [6], ou que le fondateur se réservait parfois, ainsi qu'à ses ayants cause, sur l'établissement qu'il avait créé [7],

entretenir, sa vie durant, dame Ysabel, veuve de Renart, seigneur de Cosse, avec deux servantes, à lui fournir du pain de froment, une quarte de vin chaque jour et ce qui lui faudrait de « char et autres viandes ; » à lui donner chaque année une robe de camelin et un pelisson fourré d'agneau.

[1] Labbe, XI, 73.

[2] Ceux du Puy (art. 6) prévoient même expressément l'admission de donnés.

[3] Voyez notamment ce qu'en disent M. Coyecque pour l'Hôtel-Dieu de Paris (p. 54-57) et M. Le Cacheux pour celui de Coutances (t. I, p. 158-165). Cf. J.-M. Richard, *Cartulaire de Saint-Jean*, p. 5; d'Arbois de Jubainville, *Archives des petits hôpitaux de Troyes*, p. 44; Huet, *Les origines de la ville de Caen*, p. 210 : Contrat du 29 août 1375, par lequel Maheut se donne à l'Hôtel-Dieu de Caen, à la condition de recevoir une certaine quantité de pain, de cidre ou de cervoise, un « mets de cuisine » et le logement dans la « chambre aux dames. »

[4] Arch. nat., P 136, fol. 255. Déclaration de l'Hôtel-Dieu de Noyon (1384) : « Item y a VIII personnes viagiers au gouvernement dudit hospital, mis tant par l'authorité de nosseigneurs roys de France trespassez, dont Dieu ait les âmes, comme par le roy présent et autrement, qui par leur ordonnance sont tous gouvernez et soustenus des biens dudit hospital. »

[5] Voy. Beaumanoir, II, 327. En 1270, un conseil, convoqué par l'abbé de Saint-Denis, régent du royaume, pour juger un débat soulevé entre l'évêque de Paris et Saint-Lazare, déclare que « domus leprosorum et domus pauperum Dei omnes sunt in protectione et custodia episcopi et curam earum regit tam in spiritualibus et temporalibus » (Guérard, *Cart. de N.-D.*, I, p. 184).

[6] Notamment au Puy, à Paris, Cambrai, Chartres, Toul, Laon.

[7] Saint-Pol, *in fine*.

l'autorité était entre les mains du maître et de la maîtresse.

Dans la majorité des hôpitaux, en effet, on rencontre à la fois un maître, ou prieur, et une maîtresse.

Tantôt le maître était désigné par les suffrages de la communauté, comme à Amiens, ou bien choisi par le fondateur ou ses héritiers, comme à Saint-Pol ; tantôt il était désigné par le chapitre, comme à Paris, à Toul [1] ; tantôt sa nomination appartenait directement à l'évêque, ainsi que le portent les statuts du Mans. En somme, le droit commun en cette matière était que la collation de la maîtrise revenait à l'évêque, et c'était évidemment comme conseil de l'évêque que le chapitre procédait à cette nomination dans l'Hôtel-Dieu principal des villes épiscopales. Là où l'élection à la maîtrise appartenait aux frères et aux sœurs, ce n'était qu'en vertu d'une délégation de l'évêque [2], et celui-ci se réservait habituellement le droit de confirmation, ainsi que nous le voyons à Pontoise et à Vernon, où il n'y avait à la tête de la maison qu'une maîtresse ; à Amiens, les statuts ne parlent pas de confirmation ; mais, puisqu'ils sont édictés par l'évêque, c'est bien de lui que la congrégation tient ses droits ; ils spécifient d'ailleurs que le maître reste sous la dépendance de l'évêque [3].

Les droits épiscopaux en cette matière sont clairement établis par les procès qui étaient fréquemment soulevés à propos de la nomination des maîtres des différents hôpitaux du royaume. A partir du XIVe siècle, en effet, l'aumônier du roi prétendit s'attribuer cette prérogative pour tous les hôpitaux de fondation royale, et chercha sans relâche à augmenter le nombre des établissements réputés tels. De ces prétentions naquirent, avec les prélats des divers diocèses, une foule de contestations qui étaient habituellement portées devant les Requêtes de l'Hô-

[1] Arch. nat., S 4934 (copie collationnée d'un extrait des registres capitulaires de l'annee 1332) : « Magister Domus Dei per capitulum eligitur et in Domo Dei instituitur. »

[2] Arch. hospit. de Cambrai, Hôtel-Dieu Saint-Jean, n° 420. 6 févr. 1371, n. st. Ordonnance de l'évêque : « Statuimus ut nulla vestrum per surreptionis astutiam vel violentiam in magistram eligatur, sed quam dicte sorores, vel major pars earum, juxta sanctiones canonicas, duxerit eligendam.... Salva tamen nobis et successoribus nostris auctoritate magistri vel custodis instituti vel instituendi ibidem, cum visum fuerit expedire, prout est hactenus fieri consuetum. »

[3] Art. 6. « Ipse vero magister nichilominus domino episcopo tanquam Christo tenebitur obedire. »

tel et venaient en appel au Parlement. Le registre de visites des hôpitaux du diocèse de Paris en 1351 montre que, dans la plupart des maisons hospitalières de cet évêché, les lettres de maîtrise étaient accordées par l'évêque, et il donne les formules d'après lesquelles ces actes étaient rédigés.

On peut donc affirmer que, lorsque les statuts n'indiquent pas à qui était dévolue la nomination du maître, elle appartenait à l'évêque.

Le prieur devait être choisi parmi les frères revêtus de la prêtrise; la règle de l'Hôtel-Dieu de Paris spécifie que, si aucun d'eux n'est jugé capable de remplir ces fonctions, on peut le prendre au dehors. D'après une ordonnance du chapitre de Toul, il fallait chercher pour cet emploi un homme avisé, bien au courant des affaires temporelles, doux et pitoyable envers les pauvres [1]. C'était à lui, en effet, qu'appartenait la direction spirituelle et temporelle de la maison. Il avait charge d'âme, et certains statuts, comme ceux de Troyes, interdisaient aux frères et aux sœurs de se confesser à un autre prêtre qu'à lui. C'était lui qui recevait les nouveaux frères [2], réglait leur service [3] et présidait leur chapitre. C'était lui qui accordait les autorisations spéciales dont les religieux et les religieuses pouvaient avoir besoin [4], comme par exemple pour aller au dehors de la maison; lui encore qui jugeait la gravité des fautes commises par les frères ou les sœurs, et décidait de la punition qui leur serait infligée [5]. Enfin il était chargé de l'interprétation des statuts et avait, dans certains cas, le droit d'en modifier l'application [6].

Les frères et les sœurs s'engageaient par leurs vœux à lui prêter complète obéissance, et le respect et la révérence qu'ils devaient lui porter [7] s'opposaient à ce que les manquements où il pourrait tomber fissent l'objet d'une discussion publique au chapitre [8]. De son côté, le maître était

[1] S 4934 : « Vir debet esse astutus circa temporalia, etiam benignus et misericors circa infirmos.... Habet enim magister curam animarum pauperum infirmorum in predicta domo jacentium, etiam in presbiteris et conversis. »
[2] Saint-Pol, art. 13.
[3] Paris, art. 6; Troyes, 51, 56; Angers, 42.
[4] Angers, art. 39 et 40; Troyes, 98.
[5] Troyes, art. 112; Angers, 47 et suiv.
[6] Amiens, art. 46.
[7] Troyes, art. 117; Aubrac, 14.
[8] Amiens, art. 24.

tenu de témoigner aux religieux une sollicitude paternelle [1].

Il administrait les biens sous le contrôle de la communauté, procédait, avec l'assistance du chapitre, aux mises à ferme, aux ventes ou acquisitions d'immeubles. Dans les établissements importants, tels que celui de Troyes, il pouvait nommer un proviseur pour l'aider.

Le maître choisissait parmi les sœurs une maîtresse à qui était dévolue une partie importante de l'autorité. La première mission de la maîtresse, celle qui rendait son office indispensable, était la direction des sœurs, envers qui elle jouait le rôle réservé au maître près des frères. Elle surveillait leur instruction pendant le noviciat, recevait leurs vœux au moment de la profession, présidait à leurs repas, tenait leur chapitre, veillait sur leur conduite, s'appliquait à maintenir la concorde entre elles.

Mais là ne se bornaient pas ses attributions; le maître se déchargeait généralement sur elle de tout ce qui regardait le service intérieur, et en particulier de la surveillance des soins à donner aux malades. Comme le dit la règle de Lille, son office le plus important était de pourvoir, par elle-même ou par le ministère des sœurs, à ce que les malades fussent gardés avec sollicitude et traités avec honneur, comme les seigneurs de la maison.

Les sœurs, les frères lais et les serviteurs étaient placés sous sa domination immédiate. Chaque matin, à la sortie de la messe, tous s'assemblaient devant elle pour prendre ses ordres et « oïr leur commandement des besoignes de la meson [2]. »

Quand l'office de maître venait à vaquer, la maîtresse prenait en main tout le gouvernement de l'Hôtel-Dieu jusqu'à ce qu'un nouveau prieur fût nommé [3].

Dès le XIIIe siècle, les sœurs avaient pris une place prépondérante dans certains hôpitaux, où l'on constate déjà les premiers effets de la tendance qui devait finir par éliminer complètement les frères des congrégations hospitalières mixtes. Cette prépondérance eut pour effet, dans les établissements où elle se fit sentir, d'attribuer à la maîtresse l'autorité entière et de sup-

[1] Aubrac, art. 14.
[2] Vernon, art. 14.
[3] Lille, II, 1.

primer les fonctions du maître, comme à Pontoise, à Vernon et plus tard à Cambrai [1].

La maîtresse était, dans ce cas, élue par la communauté à la majorité des suffrages et jouissait de toutes les prérogatives réservées au maître; elle était « dame et gouverneresse de la meson, de tous les biens temporés et espiritués, » disent les constitutions de Vernon, et les sœurs, les frères clercs et lais, et toute la « mesnie » de la maison, étaient tenus de lui obéir.

3° *Le chapitre*

Quelle que fût l'importance du rôle joué par le maître et la maîtresse dans les hôpitaux, leur pouvoir n'était pas absolu, et le gouvernement des congrégations hospitalières tenait un peu du régime constitutionnel.

Chaque semaine, en effet, la communauté se réunissait au moins une fois en chapitre, pour traiter des affaires de la maison et permettre aux membres de se livrer à une sorte d'examen de conscience public. Le règlement de l'Hôtel-Dieu de Saint-Pol est le seul à ne point parler de ces réunions hebdomadaires. Dans un bon nombre d'hôpitaux, à Paris, à Cambrai, au Mans, à Troyes, le chapitre réunissait les frères et les sœurs. Dans d'autres, comme ceux de Lille, de Pontoise, de Vernon, le chapitre des sœurs était tenu séparément de celui des frères. A Amiens et à Angers, le texte des statuts ne donne pas d'indications sur ce point.

Les règles de Lille, de Pontoise et de Vernon, qui s'inspirent, comme nous l'avons dit, des constitutions des Dominicains, fournissent de nombreux détails sur la manière de tenir les assemblées capitulaires. Après la récitation de diverses prières, les sœurs [2] venaient se prosterner devant la prieure et confesser les fautes dont elles se reconnaissaient coupables; c'était ce qu'on appelait « dire sa coulpe ou faire sa veine » (*veniam petere*). Après l'audition des coulpes, libre à chacune était de « clamer, » c'est-à-dire d'accuser publiquement, celles qui auraient commis quelque méfait et ne l'auraient point confessé. Cet avertissement mutuel, qui se retrouve dans presque tous les statuts hospita-

[1] Lettres de l'évêque, en 1371, citées plus haut.

[2] Les règles posées pour le chapitre des sœurs s'appliquaient également a celui des frères, quand ils se tenaient séparément.

liers, avait son fondement dans la règle de saint Augustin, et on en constate l'existence dans tous les ordres religieux qui se rattachent à cette règle.

La maitresse prononçait alors les peines encourues pour les fautes signalées au chapitre. Pour se guider dans l'application des divers châtiments, elle avait à sa disposition une sorte de code pénal qui se trouve à la fin de la plupart des constitutions hospitalières. Il serait trop long de suivre ces textes dans tous les détails où ils entrent à ce sujet. Il nous suffira d'indiquer les principales catégories de peines entre lesquelles s'échelonnaient les degrés de la répression. Pour les négligences et manquements légers, c'était habituellement l'injonction de réciter diverses prières : quelque chose d'analogue à la pénitence sacramentelle. Aux fautes d'une certaine gravité, telles que coups et injures, s'appliquaient le jeûne, la privation de vin, l'obligation de manger à terre, l'administration de la discipline [1]. A Aubrac, une punition assez originale consistait dans la privation de draps de lit. S'agissait-il de ce qu'on appelait à Lille, comme dans la règle dominicaine, les « plus griefves coulpes, » le coupable était condamné pour longtemps au jeûne et aux châtiments corporels. En cas d'endurcissement invétéré ou pour les « très griefves coulpes, » les véritables crimes, le maitre ou le chapitre prononçaient l'expulsion.

Comme nous le disions plus haut, les réunions du chapitre n'offraient pas seulement un caractère religieux ou disciplinaire, elles avaient aussi un but administratif. C'était devant les frères et les sœurs, réunis dans la salle capitulaire, que le maitre et le receveur, quand l'établissement était assez important pour justifier l'existence de cet officier, rendaient compte de leur gestion ; c'était dans ces assises de la communauté qu'étaient prises, à propos de l'administration des biens, les décisions trop importantes pour être abandonnées à l'initiative du maître, telles que les ventes ou acquisitions d'immeubles, la passation des baux, etc. Comme dans toutes les congrégations du moyen âge, un silence rigoureux était imposé sur les délibérations tenues dans les salles capitulaires des hôpitaux, et des peines sévères portées contre ceux qui révéleraient « les secrets du chapitre. »

[1] D'après la règle d'Angers (art. 52), si la faute avait été commise dans la salle des pauvres, c'était là aussi que le châtiment devait être subi.

4° *Le costume*

Après avoir décrit l'organisation des communautés hospitalieres et déterminé les principes qui présidaient à leur recrutement et à leur administration, il est temps de pénétrer dans l'intérieur des Maisons-Dieu, de nous initier à la vie des religieux et des religieuses qui les peuplaient, d'entrer avec eux à la chapelle, au réfectoire, au dortoir, et de les suivre dans toutes leurs occupations journalières.

De grand matin, l'été au lever du soleil, l'hiver avant le jour, le maître fait sonner la cloche du réveil [1].

A ce signal tous quittent leur lit, et suivant la recommandation de la règle d'Aubrac, leur première action doit être de faire le signe de la croix, pour consacrer leur journée à Dieu. Les habits que vont revêtir les frères et les sœurs sont, comme il convient à des religieux, exempts de toute recherche d'élégance. L'étoffe en est commune, bure, camelin grossier, lainage; les couleurs voyantes sont proscrites, on n'admet que le noir, le gris, le brun, le blanc ou la teinte naturelle de la laine; pas d'ornements, pas de fourrures de prix, seulement de la peau d'agneau ou de lapin, rien dans la forme qui sente l'affectation ou la coquetterie, mais des robes larges et fermées, tombant jusqu'aux pieds. La règle fixe le temps que doivent durer les vêtements. Quand ils ont besoin d'être remplacés, leur détenteur ne peut en recevoir de neufs qu'en rendant ceux qui sont devenus hors d'usage, pour bien persuader aux religieux qu'ils n'ont le droit de rien posséder, que tout ce qui leur sert appartient à la communauté et qu'ils n'en ont que la jouissance temporaire.

La composition du costume varie suivant les statuts de chaque hôpital, mais, en général, elle se ramène aux éléments suivants : pour les frères la chemise, les braies, deux tuniques, l'une très longue et tombant jusqu'aux pieds, sorte de robe ou soutane, l'autre plus courte, tantôt pourvue de manches, — c'est le bliaud d'autrefois, la blouse ou le bourgeron de nos jours, — tantôt sans manches et se réduisant quelquefois à un véritable

[1] Troyes. art. 72; Lille, I. 1; Vernon. 13. Coyecque, *l'Hôtel-Dieu de Paris*, p. 81 : « Pour avoir fait deux crampons pour pendre la cloche du dortouer aux religieuses, qui s'appelle le Chauderon, IIII s. p.; » — p. 340, « de mane ad sonum campane pro matutinis surgunt. »

scapulaire; à cela s'ajoute, pour les froids d'hiver, un pelisson fourré; comme chaussure, des souliers de cuir brun lacés, ou bien des bottes.

Pour les sœurs, une chemise, des chausses, une robe de dessous ou souquenille, un surcot, une pelisse fourrée, un manteau ou un voile noir, une coiffe blanche; enfin des chaussons et des « bottes rondes [1]. »

Quand les sœurs soignent les malades, leur robe est habituellement revêtue d'une sorte de tablier. Lorsque les frères vont au dehors, ils portent le capuchon.

Pour compléter ce qui a trait à la toilette des religieux, il faut dire un mot des cheveux, que la plupart des statuts prescrivent de porter courts. Plusieurs fois par an, les sœurs sont complètement rasées; quant aux frères, ils portent la large tonsure, qui ne laisse subsister autour de la tête qu'une étroite couronne de cheveux.

5° *Les exercices religieux*

Dès que les frères et les sœurs ont revêtu leurs habits, et que les ablutions du matin sont terminées [2], ils quittent leurs dortoirs respectifs et se rendent à la chapelle, pour chanter matines et entendre la messe; il n'est fait d'exception que pour les sœurs qui ont veillé près des malades, ou qui ont rempli quelque emploi très fatigant [3].

[1] Nous reproduisons ici un certain nombre de mentions empruntées aux comptes de l'hôpital Saint-Julien de Cambrai pour l'année 1361 et concernant le costume des frères et des sœurs. Malgré la simplicité recommandée par les statuts, la soie y est quelquefois employée : « Pour le fachon d'une cotte de fustenne pour suer Jehenne Marchelle, VI s. III d. — A demiselle Aelis Plantefœille pour le fachon de III sarros pour suer Emmelot de Douay. — A Alart le cordouennier pour X paires de solers pour les sereurs, de la Saint-Barnabé jusques au Noël, III s. VI d. le paire, valent XLV s. — A Girart le Parmentier pour faire I nuef mantel de saye suer Jehenne de Bavay.... Id. suer Jehenne de Tournay et II nuefves cottes pour suer Emmelot, une nuefve cotte de saye, et pour aultres menues coses refaire et pour les estoffer, XXVII s. VI d. — Pour refaire les solers des sereurs pour toute l'ennée.... Item pour faire les cauches et les cauchons des sereurs par Jehan d'Avesnes, manches à cottes rassir, et reffaire escapulaires, par IX jours, XVI d. le jour, valent XII s. — Pour V aunes de blancquet à faire cauches pour les sereurs pris à Gillot de Priches, VII s. p. l'aune, valent à tournois XLIII s. IX d.

[2] Coyecque, *L'Hôtel-Dieu de Paris*, p. 81. «.... ung baton pour pendre une touaille à essuier les mains, attaché au dessus du bassin estant ou dortouer aux frères. » etc.

[3] Pontoise, art. 1.

Les religieux hospitaliers sont tenus à la récitation des heures canoniales et des heures de la Vierge, mais les exercices de piété ne doivent pas les détourner de leur mission principale, qui est le soin des malades; ils peuvent donc, comme le dit la règle d'Amiens, être dispensés de réciter les différentes parties de l'office aux heures fixées par la liturgie. En fait, le texte des diverses règles semble indiquer que la communauté se réunit à la chapelle, au moins trois fois, à l'heure de matines, de vêpres et de complies.

La récitation de l'office doit se faire pieusement, posément, sans trop de hâte ni trop de lenteur, pour éviter le scandale et en même temps ne pas engendrer la fatigue [1]; mais souvent les frères et les sœurs ne sont pas assez lettrés pour se livrer à cette récitation : à l'égard de ces dernières, c'est même le cas le plus fréquent. On y supplée en disant, à la place de chaque heure, un certain nombre de *Pater* et d'*Ave*, dont la quantité est fixée dans chaque règle. C'est évidemment cet usage de remplacer l'office liturgique par une série de *Pater* et d'*Ave* qui a donné naissance au chapelet.

Quand la mort vient frapper un des membres de l'hôpital ou un des malades, des prières spéciales sont dites à son intention. Ainsi à Vernon, si c'est jour de chapitre, la prieure, au début de la réunion, invite la communauté à prier pour le mort dont le corps repose sous le toit de la maison. Puis, le jour venu des obsèques, tous doivent y assister [2]. Indépendamment du service solennel célébré pour l'enterrement, les frères prêtres doivent dire plusieurs messes pour le repos de l'âme du frère ou de la sœur qui vient de mourir; les frères clercs, à la même intention, récitent le psautier, et les frères lais et les sœurs un certain nombre de *Pater* et d'*Ave*.

Pour rappeler le religieux défunt au souvenir et aux prières des survivants, son nom est inscrit au « martyrologe » de la maison [3], et chaque année, à date fixe, on célèbre un service anniversaire pour les frères, les sœurs et les pauvres qui sont morts dans la Maison-Dieu.

Les hôpitaux qui, comme ceux de Lille, de Pontoise et de

[1] Angers, Lille et Pontoise, art. 1.
[2] Angers, art. 58; Le Puy, 10.
[3] Angers, art. 57.

Vernon, suivent une règle procédant des constitutions des Dominicains, empruntent à ces constitutions le touchant usage de consacrer un service religieux annuel à la mémoire des parents, des frères et sœurs de la maison. C'est comme un écho de la belle prière qu'on récitait jadis dans les hôpitaux de Saint-Jean de Jérusalem et qui se terminait ainsi : « Seignors malades, priés por les âmes de vos peyres et de vos meires, et de toute crestienté, qui sont traspassé de ceste ciégle en l'autre; que Dieu leur doint *requiem sempiternam. Amen.* »

Pour terminer le chapitre des exercices religieux, il faut mentionner les prescriptions que les statuts hospitaliers renferment sur la réception des sacrements. Ils insistent, pour la plupart, sur l'usage fréquent qu'on doit faire de la confession. Non seulement les frères et les sœurs sont tenus de s'approcher du tribunal de la pénitence dès qu'ils ont commis une faute grave [1], mais il leur est recommandé de se confesser à certaines dates qui varient suivant les règles : quatre fois par an à Troyes, tous les quinze jours à Vernon et à Pontoise. Pour la communion, les statuts de ces deux Maisons-Dieu sont moins exigeants et n'obligent les frères et les sœurs à recevoir la sainte Eucharistie que huit fois par an; à Lille ce nombre est porté à treize.

La pratique des mortifications corporelles est également conseillée aux religieux hospitaliers. Les statuts d'Amiens, qui ont eu tant de vogue dans le nord de la France, enjoignent aux frères et aux sœurs de se donner la discipline une fois la semaine.

6º *Le travail quotidien*

Le matin, après la messe, la maîtresse distribue à chacun le travail de la journée; parmi les sœurs, les unes sont envoyées auprès des malades pour leur donner les soins de toilette nécessaires, les aider à se lever, les panser, faire leurs lits; les autres ont à s'occuper de l'entretien du linge [2]. On voit dans l'étude si intéressante que M. Coyecque a consacrée à l'Hôtel-Dieu de Paris quelle était l'importance du service de la lingerie. Sans doute, dans les hôpitaux ordinaires, construits sur un plan moins vaste que l'Hôtel-Dieu, les lessives n'occupaient pas un

[1] Aubrac, art. 11; Paris, 67.
[2] Lille, II, art. 1 et 5.

si grand nombre de bras qu'à Paris, mais le travail était à proportion aussi dur, et dans toutes les villes, le long de la rivière, près de laquelle un usage constant faisait autrefois construire chaque Maison-Dieu, on voyait se répéter quotidiennement le spectacle auquel Gerson nous fait assister sur les bords de la Seine : les sœurs dans l'eau jusqu'aux genoux, même au cœur de l'hiver, pour laver le linge et les vêtements des pauvres [1].

Après les soins de la lessive viennent ceux du raccommodage. Soumis à un usage journalier, les draps et serviettes de l'hôpital s'usent vite, d'autant plus que bien souvent, quand ils viennent pour la première fois s'empiler dans les armoires de la Maison-Dieu, ils ne sont pas neufs, mais proviennent de quelque legs charitable, comme on en rencontre si souvent dans les testaments du moyen âge. Une pièce spéciale est réservée aux sœurs pour se livrer à ces travaux d'aiguille. Elles s'y doivent assembler toutes les fois qu'une autre occupation ne leur est pas assignée, et « y labourer de leurs mains, » car « l'oisiveté est ennemie de l'âme ; » c'est là qu'on doit toujours pouvoir les trouver quand on a besoin d'elles pour le service des malades [2].

Les frères, de leur côté, sont également astreints à travailler en commun. Quand l'office divin est terminé, ils ne doivent point se disperser dans les chambres, mais se réunir dans le cloître pour y lire, y étudier le chant, et se tenir prêts à répondre dès qu'on aura besoin d'eux [3].

7° *Les repas*

Quand sonne l'heure du repas des pauvres, les frères et les sœurs se rendent dans la grande salle de l'hôpital et servent les « seigneurs malades » avec charité et déférence. C'est seulement après avoir présidé au diner des malades qu'eux-mêmes peuvent aller prendre leur nourriture ; la formule empruntée aux statuts de Saint-Jean de Jérusalem, et reproduite dans la plupart des règles hospitalières, est formelle sur ce point. L'« eschiele, » c'est-à-dire la cloche, sonne de nouveau et appelle

[1] Gerson, *Œuvres*, IV, 682 : « Cogitemus si in hospitali Parisiensi sit magna copia talium que, tota futura hieme, erunt in aqua Sequane prorsus congelate, ad genua usque, ad lavandos panniculos pauperum. Consideremus quot duras penas nocte et die habere eas oporteat.... »

[2] Lille, I. art. 14 ; Pontoise, 6.

[3] Angers, art. 4.

frères et sœurs à leurs réfectoires respectifs, qui sont partout soigneusement séparés l'un de l'autre. Tous doivent répondre avec exactitude à cet appel ; il n'y a d'excuse que pour ceux qui sont retenus près des malades [1].

Selon l'usage universel du moyen âge, les religieux hospitaliers ne commencent point leur repas avant d'être passés par le « laveoir » et s'y être lavé les mains [2]. Une fois ce soin pris, tous se rangent autour des tables, le maître ou la maîtresse, suivant qu'il s'agit des frères ou des sœurs, dit la « beneiçon, » et chacun s'assoit à la place qui lui est marquée. Au réfectoire des frères, on fait toujours la lecture, suivant la recommandation de saint Augustin, qui veut que l'esprit soit nourri en même temps que le corps ; mais, d'après la rédaction des différents statuts, cette prescription ne semble pas s'étendre à la table des sœurs, qui sont simplement astreintes à garder le silence. Si elles ont besoin de quelque chose, elles le peuvent demander à leurs voisines, mais à voix basse et brièvement ; il leur est sévèrement interdit de dire « conte, nouvelle ou truphle, » et de rire « baudement [3]. » Un frère au réfectoire des hommes, une sœur à celui des femmes, fait le service de la table [4], et chacun doit prendre sans murmurer les mets qu'on lui présente ; nul ne peut offrir à ses voisins une portion de sa pitance sans l'assentiment du prieur. Les convives doivent se conformer aux règles de la bonne tenue : ne pas jeter à terre des coquilles d'œufs ou de noix [5], prendre bien garde de ne point briser les objets de vaisselle [6], et surtout ne pas boire en tenant leur verre d'une seule main [7], précepte qu'on retrouve dans plusieurs statuts religieux. La nourriture, égale pour tous, est simple : un potage et un seul mets, auquel on peut ajouter du fromage, des herbes crues, des fruits [8] ; comme boisson, une mesure de vin ou de bière [9], à la discrétion du maître.

1 Vernon, art. 15.
2 Lille, I, 7 ; Vernon, art. 15.
3 Vernon, art. 15.
4 Troyes, art. 51 ; Paris, 49 ; à Saint-Pol. (art. 17), c'est le maître qui distribue les portions.
5 Vernon, art. 15.
6 Lille, I, art. 7 ; II, 5.
7 Paris, art. 42 ; Pontoise, 14 ; Lille, II, 3.
8 Saint-Pol, art. 17.
9 Amiens, art. 39.

Sauf certains jours de fête, l'usage de la viande n'est permis que trois fois la semaine : le dimanche, le mardi et le jeudi. Quant aux jeûnes, on observe d'abord naturellement ceux qui sont prescrits par l'Église, puis les divers statuts en établissent de spéciaux pour certains jours de l'année, tels que tous les vendredis, depuis le 14 septembre jusqu'à Pâques, les vigiles de différentes fêtes, etc.

Le repas terminé, on dit les grâces, soit au réfectoire, soit à la chapelle [1], et chacun retourne à ses occupations. Les restes de la table sont soigneusement recueillis pour les pauvres secourus par l'hôpital [2].

Les religieux hospitaliers ne sont pas cloîtrés, mais il leur est interdit de franchir la porte de l'hôpital sans l'autorisation du maître ou de la maîtresse, et quand cette autorisation leur est accordée, jamais ils ne peuvent sortir seuls. Les statuts sont unanimes sur ce point. Dans leurs courses au dehors ils doivent tout spécialement veiller sur la dignité de leur maintien, afin d'éviter tout scandale. Tant qu'ils sont dans la ville où est situé l'hôpital, il leur est interdit de manger ou de boire autre chose que de l'eau, ailleurs que dans la Maison-Dieu. Quand vient le soir, après le souper, où les mêmes règles sont observées qu'au dîner, tous se rendent à la chapelle pour réciter complies. L'office dit, ils restent encore quelques instants en oraison, puis on sonne le couvre-feu, et les frères et les sœurs regagnent chacun leur dortoir [3].

8° *Le coucher*

Comme de raison, tous les statuts prescrivent que ces deux dortoirs soient situés en des lieux séparés. Habituellement même les prêtres ne doivent point partager le dortoir des frères, mais en avoir un pour eux seuls. Le maître peut autoriser des laïques à coucher dans la même salle que les frères, mais il n'y a jamais que les converses qui soient admises au dortoir des sœurs [4].

La plus grande simplicité est requise pour les lits où reposent

[1] Troyes, art. 47. — Coyecque, *L'Hôtel-Dieu*, I, 338 (enquête de 1530) : « Post refectionem, vadunt ad gratias in choro. »

[2] Paris, art. 53; Saint-Pol, 19.

[3] Lille, I, art. 14; Pontoise, 1.

[4] Amiens, art. 32 et 33.

les religieux de l'hôpital; il leur est interdit d'avoir des coffres fermés à clef, et le maître ou la maîtresse doit de temps à autre visiter le lieu où ils rangent leurs effets, pour s'assurer que le vœu de pauvreté est exactement observé [1].

Une fois entrés dans leurs dortoirs, les frères et les sœurs ne doivent plus en sortir jusqu'au matin, et le maître et la maîtresse font des rondes la nuit pour s'assurer que tous sont couchés [2]. D'après toutes les constitutions, le silence le plus rigoureux est de règle au dortoir, un silence religieux comme à la chapelle [3], et qui ne saurait être rompu que pour des causes graves, telles que les cas de vol, d'incendie, etc.

« Plus em paix et sans noise, disent les constitutions de Vernon, se teignent les seurs en dortoir que en autres leus et plus religieusement. »

Contrairement à ce qui se pratiquait chez les laïques au moyen âge, les religieux hospitaliers doivent porter la nuit quelque vêtement : les frères, une chemise et un caleçon, les sœurs, une chemise. Il leur est également recommandé d'observer la décence la plus scrupuleuse en se déshabillant [4]. Comme au moment du lever, chacun fait en se couchant le signe de la croix « contre les adversitez et les temptations du deable. » Le labeur d'une journée consacrée tout entière aux œuvres de charité et la fatigue des veilles passées à tour de rôle au chevet des malades appellent promptement pour tous un sommeil réparateur. Bientôt tout mouvement cesse, tout bruit s'éteint, tout s'endort, et il ne reste qu'une petite lumière qui doit jusqu'au matin faire briller sa lueur dans le dortoir [5].

9° *L'infirmerie et les saignées*

Lorsque les frères ou les sœurs tombent malades, ils sont conduits dans des infirmeries séparées, où on les entoure des soins nécessités par leur état. S'il s'agit d'une maladie sérieuse,

[1] Lille, I, art. 4.

[2] Le Mans, art. 18.

[3] Les statuts mettent habituellement sur le même rang le silence qu'on doit tenir au réfectoire, au dortoir et à la chapelle. Ceux d'Angers (art. 35) disent : « In dormitorio non loquantur.... nec ad cameras privatas confabulaciones faciant. »

[4] Vernon, art. 13.

[5] Troyes. art. 66 : Pontoise, I : « Toujours ait luminaire.... de nuit en dortoir. »

on leur fournit une nourriture spéciale et on leur donne des gardes pour les veiller.

Un usage, qui se retrouve dans la plupart des congrégations religieuses du moyen âge et dont on peut d'ailleurs constater également l'existence dans la société laïque à cette époque, contribuait à peupler, à certaines dates, l'infirmerie, sans qu'il fût besoin de maladies véritables. L'habitude était alors de se faire saigner plusieurs fois par an, et à la suite de cette opération, on avait besoin de quelques jours de repos. Les frères et les sœurs qui s'étaient fait saigner passaient trois jours à l'infirmerie, où ils avaient « melior refection et repos et pais par ces III jorz. »

Était-ce l'attrait de ces quelques journées arrachées au labeur quotidien avec un régime de nourriture moins sévère ? Était-ce au contraire que la saignée elle-même procurât une sensation agréable ? Nous ne savons. Toujours est-il que cette *minutio sanguinis*, comme on disait, semblait considérée comme une sorte de plaisir, car tous les statuts en règlent le nombre et interdisent de s'y livrer plus de cinq ou six fois par an. Ceux d'Angers ajoutent, avec beaucoup de sagesse, que tous ne devaient pas se faire saigner à la fois, afin de ne pas immobiliser le personnel tout entier ; malgré le silence des autres règlements sur ce point, nous supposons qu'il en était de même dans tous les hôpitaux.

Voici, parcouru tout entier, le cycle des observances imposées aux frères et aux sœurs voués à l'exercice de la charité. Comme on peut s'en rendre compte, ces règles étaient simples, pratiques et bien appropriées au but poursuivi par ces congrégations charitables. Une grande largeur d'esprit s'y faisait sentir, puisque le principe dominant était que le soin des malades devait passer avant tout, et que les prescriptions des statuts cédaient au besoin devant cet intérêt supérieur. Les religieux qui se conformaient à ces règlements pouvaient donc à bon droit, comme dit la règle d'Angers, « compter sur la grâce de Dieu en cette vie et sur la gloire éternelle en l'autre. »

II. — LES PAUVRES MALADES

1° *Les bâtiments de l'hôpital*

Ce n'était pas aux religieux hospitaliers que l'organisation charitable du moyen âge attribuait le premier rang dans les Hôtels-Dieu. Ils n'étaient considérés que comme les humbles serviteurs des pauvres [1], et c'étaient ces derniers qui étaient les vrais maîtres, les seigneurs de la maison. Il nous reste à étudier comment ils y étaient reçus et soignés.

Par là même nous aurons à décrire les bâtiments de ces Maisons-Dieu, dont nous n'avons pour ainsi dire pas eu encore à parler, puisque leur partie essentielle est la salle, le « palais » des malades, comme disaient les hospitaliers de Saint-Jean de Jérusalem.

Pour l'installation matérielle comme pour l'administration intérieure, il faut, cela se conçoit aisément, établir une distinction absolue entre les petits hôpitaux semés partout, dans les villes comme dans les plus petits villages, au hasard des fondations particulières, et les Hôtels-Dieu importants remontant à une haute antiquité, tels que ceux qu'on trouve toujours près de l'église cathédrale, dans les cités épiscopales, ou bien ceux qui, dans les autres villes ou dans les bourgs populeux, font partie de l'ensemble des établissements publics dont une certaine agglomération d'habitants nécessite tôt ou tard la création.

Pour les premiers, nulle règle ne préside à leur construction. La plupart du temps, ils sont établis dans quelque maison appartenant au fondateur qu'on approprie tant bien que mal à l'« hébergement des passants ou des malades [2]. » Une déclaration

[1] Aubrac, art. 1 : « Nec querant ibi dominari sed famulari. »

[2] Arch. nat., L 459, n° 21 (1241). Fondation par les habitants de Saint-Arnoud en Yveline d'un hôpital dans la maison « que fuit Alexandri de Bordis, militis, ad perpetuo recipiendum ibidem pauperes, peregrinos et infirmos. » — JJ 59, n° 274 (févr. 1320, n. st.). Confirmation par le roi de la fondation d'un hôpital à Sainte-Menehould : « Cum habitationes Domus Dei ville nostre de Sancta Manehulde in quibus pauperes infirmi, ac etiam pauperes transeuntes, adeo antiquate, inveterate et ruinose existant, quod pauperes ipsi ibidem sine magno periculo eorumdem recipi et hospitari non possunt, dilectusque noster magister Terricus Fretelz de Sancta Manehulde, clericus, predicte Domui Dei quamdam domum suam quam habeat in villa eadem, cum ejusdem

rendue en 1547 donne l'idée de ce que pouvaient être ces petits établissements : « Une maison séant à Warc, près des murs de ladite ville...., aumosnée dès longtemps par Maresse, femme de feu Robert de la Folie...., pour estre logez les pauvres indigens, malades et autres, à l'honneur de Dieu; en laquelle est demourant un homme dudit Warc pour traicter et recevoir les pauvres y survenant, laquelle maison est de bien petite vallue [1].... »

Dans les Maisons-Dieu élevées spécialement pour cette destination, on retrouve au contraire les éléments d'un même plan. D'après une règle à peu près constante, elles sont bâties au bord d'un cours d'eau. Les idées sur l'hygiène n'étaient pas les mêmes autrefois qu'aujourd'hui, et ce qui nous semblerait malsain était regardé comme une condition favorable, à cause sans doute des facilités que le voisinage de l'eau donnait pour entretenir la propreté de la maison et se débarrasser des détritus par l'application du tout à l'égout [2].

Un grand vaisseau voûté et supporté par des colonnes, semblable à une nef d'église, telle est la disposition qu'affecte le corps principal du bâtiment dans les hôpitaux qui ont subsisté jusqu'à nous, comme ceux d'Angers, de Provins, de Compiègne, de Brie-Comte-Robert [3], de Tonnerre, de Chartres, ou dont il nous reste des vues ou des descriptions, tels que ceux de La Rochelle [4], de Caen, de Pontoise.

On connaît la prédilection des architectes du moyen âge pour les salles de ce genre, qui se retrouvent dans la plupart des

domus toto pourprisio anteriori et posteriori in puram et perpetuam elemosinam donaverit.... » — S 4827 (1338). Fondation à Revigney, par Jacques Massard, chanoine de Saint-Max de Bar, d'un hôpital dans sa maison « ad usus pauperum Christi undique venientium.... » — JJ 72, n° 258 (févr. 1343, n. st.). Amortissement d'une maison donnée à Godarville par Richard Langlois « pour faire un hospital à hébergier les povres habitans et trespassanz par ladite ville. »

[1] Arch. nat., S 4835.

[2] *Bulletin monumental*, t. XX, p. 519. Cf. *Invent. des Arch. d'Eure-et-Loir*, C 65 (vers 1463). Lettres defendant aux bateaux de passer par un bras de la rivière d'Eure, au-dessus duquel est le dortoir de l'Hôtel-Dieu de Nogent-le-Roi.

[3] Verdier et Cattois, *Architecture civile et domestique*, 1857, in-4, t. II. — Viollet-Leduc, *Dict. d'architecture*, v° Hôtel-Dieu. — La salle de Chartres est aujourd'hui détruite, ainsi que celle de Brie-Comte-Robert.

[4] Miniature du xve siècle représentant la salle des malades, reproduite en tête de l'*Histoire de l'hôpital d'Auffredy*, par Delmas. 1891, in-8.

constructions importantes de l'époque. Dans le palais des seigneurs malades, aussi bien que dans ceux des princes et des barons, la « salle » était la partie essentielle, l'élément constitutif du monument.

Divisée habituellement en plusieurs nefs par les colonnes qui soutenaient la voûte, cette salle d'un côté servait de dortoir aux malades, et de l'autre formait la chapelle, qui se trouvait ainsi en communication directe avec l'asile des pauvres. De nombreux textes établissent cette disposition des bâtiments qui, comme pour mieux justifier le nom de Maison-Dieu, plaçait sous le même toit le Christ et « ses membres souffrants, » les pauvres.

Voici par exemple la description qu'un auteur du XVIe siècle donne de l'hôtel-Dieu de Caen [1] : « La grande salle est d'une fort ancienne structure, contenante six-vingt marches de long, et de largeur trente-et-une, les voûtes de laquelle sont soustenues par dix-huit gros piliers; à l'un des costez d'icelle est le temple ou l'église auquel les prieur et religieux célèbrent le service divin, et au bout d'icelle sont des hautes chapeles qui contiennent semblable largeur, où l'on y monte par de grands degrez. »

A Pontoise, d'après un écrivain de la même époque, « le bastiment de l'église est divisé en deux voultes par dedans, mais par dehors n'y a qu'un toict qui couvre le chœur, la nef et le lieu où sont les malades [2]. » Même indication est fournie par *l'Hospital d'amour*, poème allégorique du XVe siècle, que nous aurons plusieurs fois l'occasion de citer [3] :

> Après nous veinmes en la salle
> Où a des malades grant tas....
> Au bout de ceste salle estoit
> La très glorieuse chapelle
> En quoi le service on chantoit.

Enfin, différents documents tels que les statuts de Lille et de Pontoise, le règlement des chapelains de Saint-Julien de Cam-

[1] De Bourgueuville, *Recherches et antiquitez de Caen*, 1588, p. 33.

[2] Taillepied, *Recueil des antiquitez de Pontoise*, 1587, fol. 18 v°. Il ajoute : « et est un grand merveille comment dès si longtemps peuvent les petites colonnes et menus pilliers porter si grand faiz et pesanteur comme ils font. »

[3] Pièce qu'on avait attribuée faussement à Alain Chartier, *Œuvres* d'A. Chartier, éd. Duchesne Paris, 1617. in-4, p. 726 et suiv.

brai [1], montrent que les malades pouvaient entendre de leur lit la récitation de l'office, ou parlent du prêtre qui « cante à le capele emmi le sale [2]. »

Cet usage de faire ouvrir directement le dortoir des malades sur l'église se perpétua jusqu'à la fin du moyen âge, comme le témoigne un article de l'acte de fondation de l'hôpital de Vesoul en 1442 : « Item veulx et ordonne, dit le fondateur, que entre le maisonnement et estaige des povres et la chapelle ait un muret de trois ou de quatre pieds de hault, et au long d'icelui une pièce de bois ou soient fais postels jusqu'au soulier qui sera proche, en telle manière que une personne y puisse entrer et que les povres y puissent voir Dieu en ladite chappelle [3]. »

Autour de la salle qui formait comme le noyau de l'hôpital étaient disposées les différentes pièces et dépendances nécessaires à l'administration de la maison. Pour les pauvres d'abord il fallait, en dehors du dortoir commun, une chambre à l'usage des personnes les plus sérieusement atteintes, qui avaient besoin de soins continuels et spéciaux, et qu'on ne pouvait bonnement laisser au milieu des malades ordinaires ; c'est ce qu'on appelait l'infirmerie des « griefs malades [4], » et ce qui semble avoir porté aussi le nom d'*antexenodochium* [5].

La nécessité d'une pièce particulière pour les femmes en

[1] Arch. hospit. de Cambrai, Saint-Julien, n° 365. « Specialiter volumus teneri capellanum ut singulis diebus in sua capella, distincte et ita alte quod ab infirmis in Hospitali decubantibus possit audiri et ut eorum excitetur devotio, horas dicat canonicas et horas beate Marie et officium integre pro defunctis.... »

[2] J.-M. Richard, *Cartulaire de Saint-Jean d'Arras*, p. 107, compte de 1312, cf. p. XVII : « au capelain qui dit tous les jours messe à le capele de le sale des malades, C s. » — P. 115 : « Pour une nate à l'autel de le capele de le sale, XX d. ; — pour refaire le verrière derrière l'autel de le sale, III s. (1311) ; — pour le messel de le capele de le sale, XXII s. (1312). — Coyecque, *L'Hôtel-Dieu de Paris*, I, 335 : « Pour fournir les grans couches de devant le moustier XXIIII paires de draps, douze pour mettre dedans les lictz et douze pour changer » (vers 1526).

[3] Abbé Morey, *la Charité à Vesoul*. Besançon. 1888, in-8, p. 11.

[4] La majorité des statuts parlent de cette séparation des malades graves ; on peut également citer à ce sujet un acte de 1277 par lequel la comtesse de Flandre, Marguerite, renonce à une rente de 18 chapons 2/3 que lui devait l'hôpital-Comtesse et veut que ces chapons soient donnés chaque année à *l'enfremerie des griefs malades* (*Inv. des Arch. hospit. de Lille*, n° 104).

[5] Du Cange, à ce mot, cite un passage des *Miracula S. Vincentii Madelgarii* (Act. SS. Juin, t. III, 685). « Non ita multo post, quia cancri foeditas ceteros infirmos laedebat, monialis quae infirmorum curae commissa erat urgetur illum asportare in antexenodochium. »

couche ne se faisait pas moins sentir, et l'on voit que dans la plupart des Maisons-Dieu on y avait pourvu. A l'Hôtel-Dieu de Paris, il y avait la « chambre des accouchées, » installée malheureusement dans des conditions d'hygiène très défectueuses [1]; à Troyes, l'Hôtel-Dieu le Comte, grâce à la libéralité de Renaud de Bur, disposait depuis l'an 1270 d'une maison uniquement affectée à la réception des femmes malades, ou « gisans [2]. »

Au Pont de l'Arche, en 1439, un compte de charpenterie montre qu'on fit faire « en la grant maison nommée le dorteur aux malades une cloeson au travers d'icelle pour départir une chambre à mettre les femmes gisans d'enfant, » avec une « lucarne pour donner jour en l'endroit de la chambre des dictes femmes gisans [3]. » A Montreuil, à la fin du xve siècle, le maitre de l'Hôtel-Dieu, Me Poullain, put réaliser le vœu qu'il formait depuis longtemps « de faire une chambre où il y ait une cheminée et trois ou quatre lits pour mettre les femmes gisans d'enfant, » qui auparavant étaient « inhumainement couchiées en une salle, parmi les aultres passans et malades qui y sont chascun jour, qui n'est chose bien honeste ne humaine. Et se il n'y a nulles femmes gisans, on y gardera les povres qui seront les plus malades. — Ainsi, ajoute-t-il, on fait à l'Ostel-Dieu de Lille, Amiens, Abbeville, Saint-Riquier [4]. »

Des baignoires, « des cuves à baigner les femmes » complétaient l'installation nécessaire pour les accouchées. Au moyen âge, en effet, les bains jouaient un rôle important dans le traitement des femmes en couche [5]. Il fallait également de petits bassins pour baigner les enfants nouveau-nés [6] et des berceaux

[1] Coyecque, I, 65, 70-71.

[2] Guignard, *Les Statuts de l'Hôtel-Dieu le Comte*, p. xxxvii.

[3] Arch. nat., KK 1338.

[4] Braquehay : *Hôtel-Dieu de Montreuil*, p. 75. — Une enquête de 1518 parle aussi de la chambre des accouchées à l'Hôtel-Dieu de Meaux (Coyecque, I, 328).

[5] Les statuts de Troyes prescrivent de leur donner trois bains par semaine. — J.-M. Richard, *Cartulaire de Saint-Jean en l'Estrée*, p 117, comptes de Saint-Jean, 1336 : « Pour unes baignoires pour les adjutes; X d.; » comptes d'Hesdin, 1322 : « Pour II cuves à baigner les femmes, VIII s. » — Arch. hospit. de Soissons, 323, fol. 19 v° (compte de 1305). « Pour cuviers à bagnier les gissans, et tinettes refère et une achetée : IX s. »

[6] J.-M Richard, *Cartulaire de Saint-Jean*, p 115 (compte de 1333) : « Pour une nocve paële pour baignier ens les enfans des adjutes : XVIII s. » — Nous ne savons si le chaudron dont parlent les comptes de l'Hôtel-Dieu de Beauvais

pour les coucher. La règle de Saint-Jean de Jérusalem, reproduite en cela comme en beaucoup d'autres articles par celle du Saint-Esprit, recommandait avec insistance de ne pas coucher les enfants avec leurs mères et de leur donner des berceaux séparés [1]. On ne saurait affirmer que tous les hôpitaux aient adopté ce précepte si sage, mais on peut constater qu'à Saint-Jean en l'Estrée, notamment, on faisait usage « d'auges pour couchier les enfants des adjutes [2]. » Les accouchées devaient en effet rester à l'Hôtel-Dieu jusqu'à leur complet rétablissement. Divers statuts, avec beaucoup de raison, fixent à ce séjour une durée de trois semaines [3].

N'oublions pas de mentionner, parmi les constructions affectées à l'usage des personnes hospitalisées, les « chambres privées, » les « aisemens, » dont la bonne installation joue un rôle important dans les établissements qui nous occupent. Placés en dehors de la salle, il fallait prendre des précautions pour que les malades ne prissent pas froid en s'y rendant; aussi tous les statuts recommandent-ils de tenir à la disposition des pauvres des pelisses fourrées et de larges bottes pour cet usage. La nuit, les latrines devaient toujours être éclairées [4].

Les autres bâtiments de l'hôpital renfermaient d'un côté le dortoir, le réfectoire et l'infirmerie des frères, de l'autre ceux des sœurs soigneusement isolés des premiers; puis venaient les locaux occupés par les services communs de la maison : la cuisine où se préparait la nourriture des malades, en même temps que celle des frères et des sœurs, la porterie où se présentaient

en 1377 avait la même destination : « Pour reffaire I cauderon pour les enfans : XX d. » (Arch. hospit. de Beauvais, E 9).

[1] Delaville-le-Roulx, *Cartulaire des Hospitaliers*, I, 425, Statuts de R. de Molins : « Cet si establi que petiz bers fucent fais pour les enfans des femes pelerines qui naissent en la maison, si que il gisent a une part soul, et que li enfant alaitant n'en aient aucun ennui par la mesaise de lor mère. » — Règle du Saint-Esprit, art. 59.

[2] J.-M. Richard, *Cartulaire*, p. 115.

[3] Pontoise, art 11; Vernon, 13 A Gosnay on les gardait un mois, en comptant sans doute le temps précédant l'accouchement. Voy. J.-M. Richard, *Cartul. de Saint-Jean* p 110 (compte de l'hôpital de Gosnay en 1339) : « Pour le vin de VII povres femmes gisans d'enfant qui en ceste annee ont gut d'enfant, chacune I mois oudit hospital.... pour chacune V s. pour vin ledit mois, sont XXXV s. »

[4] Troyes, art 95. — J.-M. Richard, *Cartul. de Saint-Jean*, p. 120 (compte d'Hesdin, 1393) : « Pour III lampiers dont li uns est en le capele, li secons en le sale et li tiers ès aisemens. VI s. »

les pauvres qui sollicitaient leur admission, les greniers où se conservaient les provisions [1], etc. Le nombre de ces dépendances variait naturellement beaucoup, suivant l'importance de la maison. On peut, dans l'étude si intéressante de M. Coyecque, se rendre compte des proportions qu'elles prenaient dans l'établissement le plus développé de tous, l'Hôtel-Dieu de Paris [2].

Tel était, dans ses grandes lignes, le plan de construction de ces Maisons-Dieu, dont les portes s'ouvraient à toutes les misères, comme le disent de mauvais vers latins transcrits à la suite des statuts de Saint-Jacques du Haut-Pas [3] :

> Communis locus factus pietatis
> Non ficte domus est caritatis.
> Foribus ommo stans reseratis
> Infirmis clamat et fatigatis....
> Que domus ista sit hospitalis.

Il nous reste à voir la réception qui était faite aux malheureux qui venaient frapper à ces portes et les soins qu'on leur donnait.

2° *Réception des malades*

A Angers, les religieux, non contents d'accueillir ceux qui demandaient à entrer à l'Hôtel-Dieu, envoyaient deux fois par semaine deux frères chargés de « quérir les povres par la ville. »

Les statuts de cet Hôtel-Dieu avaient formulé cette règle dès le commencement du XIIIe siècle, et on voit, par les débats d'un procès plaidé au Parlement, qu'elle était encore observée fidèlement deux cents ans plus tard [4]. Mais on ne constate pas ailleurs l'existence de ce charitable usage. Habituellement, c'était

[1] J.-M. Richard, *Mahaut d'Artois*, p. 262-265 et 400 : devis de construction de l'Hôpital d'Hesdin. — Bibl. nat., Lat. 9111, fol. 285 v° et 286 (comptes de Saint-Nicolas de Troyes en 1300) : « Pro latrinis infirmorum reparandis, III s. Pro dormitorio presbiterorum et grenariis et cameris hospitum reparandis, L s. Pro IIII bandis de ferro pro guicheto porte, VIII s. VI d. — Pro parva coquina reparanda, VI s. »

[2] Voyez notamment t. I, p. 271-286, les Notes pour servir à une restitution de l'Hôtel-Dieu.

[3] Arch nat L 453, n° 23.

[4] Arch. nat., X^{1A} 4786, fol. 126 v° (1403) : « Partie adverse defent et dit que oudit hostel doivent estre XXX personnes à servir Dieu et les povres, pourquoy l'un des frères doit estre lay et portier pour recevoir les povres, et II frères quérir les povres par la ville, et II bailliz pour les causes et autres offices, et un prieur qui ne doit avoir aucune administration, ne bailler, n'engager, sinon par l'autorité desdits frères et suers. »

à la porte de la maison que les hospitaliers attendaient leur clientèle misérable et jugeaient si les solliciteurs remplissaient les conditions voulues pour être reçus. En principe, il n'y avait d'autre limite à l'admission des malades que la capacité de l'hôpital, puisque c'était à eux qu'appartenait la maison, *quia domus eorum est*, disent les statuts d'Angers. Cependant, certaines catégories de maux étaient légitimement écartées des Hôtels-Dieu ordinaires, qui n'auraient pu leur donner asile sans se détourner du but de leur fondation. Parmi les personnes exclues ainsi, figuraient les lépreux, pour qui s'ouvraient les maladreries, les malheureux atteints du mal des ardents, pour lesquels s'élevaient également des maisons spéciales, les boiteux, les manchots, les aveugles, etc., dont l'infirmité incurable ne constituait pas, suivant la remarque des statuts de Troyes, une maladie proprement dite. La réception de tels impotents, qu'on eût été obligé de garder indéfiniment, n'aurait pas tardé à absorber à leur seul profit les lits réservés aux malades ; l'hôpital serait devenu un hospice. Leur place était marquée dans les asiles spéciaux, comme les « aveugleries, » ou dans les rangs des confréries particulières destinées à l'assistance des infirmes, comme celle des contrais et des aveugles de Compiègne [1], celles des aveugles de Toulouse, de Châlons [2], etc. A plus forte raison excluait-on les mendiants valides, ainsi que le portent les statuts de Saint-Julien de Cambrai. Quant au motif qui faisait interdire de recevoir momentanément les criminels venant d'être marqués [3], il faut évidemment le chercher dans le désir d'éviter aux malades le contact de gens d'une moralité plus que suspecte ; et c'est dans le même but qu'en un de ses sermons aux hospitaliers, Jacques de Vitry recommande d'écarter les histrions, les truands, les ribauds [4].

[1] Arch. nat. KK 9, fol. 13 : compte de l'aumônerie (1351-1355) : « Aus contrais et aus aveugles de Compiègne.... IIII l. pour terme. »

[2] Arch. nat., X[1A] 59, fol. 390 (14 janv. 1413, n st.) : confrérie des aveugles de Toulouse. Voyez aussi, pour l'assistance des aveugles, notre étude sur les Quinze-Vingts.

[3] Angers, art. 13.

[4] Bibl. nat , lat. 17509, fol. 79 v°. « Melius est igitur dare pauperi humili et justo qui oret pro vobis et tandem in eterna tabernacula vos valeat recipere quam hystrionibus, trutannis et ribaldis qui bibunt in tabernis et ludunt cum deciis ; sed nec tales qui inhoneste se habent et blasphemantes, vix aut postquam noveritis, nunquam in hospitalibus vestris recipiatis. »

Les femmes en couche étaient admises, nous le savons déjà; mais à Troyes, primitivement, on ne les recevait qu'après leur accouchement, faute d'un emplacement séparé pour les mettre; comme nous l'avons dit plus haut, cette lacune dans l'organisation hospitalière de cette ville fut comblée de bonne heure par la générosité d'un donateur.

En général, les enfants trouvés étaient écartés; mais, quand une femme accouchée à l'hôpital venait à y mourir, son enfant y était élevé, même si le père n'était pas connu [1]. Seuls les hôpitaux de l'ordre du Saint-Esprit recevaient les enfants abandonnés. Peu à peu, à leur exemple, furent établies des maisons spéciales [2].

Il est superflu de faire observer que les règles que nous exposons s'appliquent aux hôpitaux d'une certaine importance réservés aux malades, ce qu'on appelait en latin les *nosocomia;* quant aux *xenodochia*, ou asiles de nuit, ils recevaient indifféremment toutes sortes de personnes en quête d'un gîte, se bornant à limiter, comme on le fait encore aujourd'hui, le nombre de nuits pendant lequel les passants pouvaient être abrités, nombre qui variait habituellement d'une à trois nuits. Mais si nous laissons ces hôpitaux spéciaux hors du cadre de notre étude, il ne faut pas oublier que, dans beaucoup de petites localités, la Maison-Dieu avait un double caractère et servait à la fois à la réception des malades et à l'hébergement des voyageurs.

Lorsqu'un malade se présentait à l'hôpital, si le portier était un des frères de la maison, il pouvait procéder lui-même à son admission [3]; mais le plus souvent ce soin était dévolu à une sœur, qu'on devait choisir d'un caractère doux et compatissant [4]. La scène est bien décrite dans le poème allégorique que nous avons déjà signalé et qui a pour titre l'*Hospital d'amour :*

Quant je fuz mis devant la porte
Tantost m'apparut Bel-Accueil,
Qui me fit gracieux recueil,
Ayant grant pitié de mon dueil.

[1] Troyes, art. 87; Pontoise, art. 11.
[2] Lallemand, *Histoire des enfants abandonnés*, p. 120.
[3] Angers, art. 6
[4] *Ibid.*, Vernon, art. 11. Le Livre de vie active contient une miniature représentant la réception par une sœur d'un malade apporté à l'Hôtel-Dieu sur un brancard (Coyecque, I, 15).

Me mena jusqu'à l'Enfermière,
Courtoisie, qui d'ung doux vueil
Me fit, dont elle est coustumière....
Le droit office à Courtoisie
Est les malades recevoir.
Lorsque ma manière eut choisie,
Me dist, en monstrant bon devoir,
Que je lui feisse or assavoir
Ma douleur (ce fut sa demande),
Pour moy faire tel lict avoir
Que ma maladie demande.

Une fois l'admission prononcée, le moment était venu de se conformer aux prescriptions portées par le chapitre de la réception des malades, dont la belle formule, empruntée à la règle de Saint-Jean de Jérusalem, avait été adoptée par la grande majorité des statuts hospitaliers : « Avant d'être reçu, le malade doit se confesser et recevoir la communion, puis être porté à son lit, où on le traitera comme le maître de la maison. »

On appelait donc le prêtre « de l'ostel [1], » c'est-à-dire, dans les grands hôpitaux, un des frères revêtus de ce caractère [2], et dans les maisons plus modestes, le chapelain ; il entendait la confession du malade, et, si c'était le cas, lui apportait la communion. Cette pratique était pleinement d'accord avec les mœurs du moyen âge, où personne ne songeait à se soustraire à l'accomplissement des devoirs religieux, et où tout le monde faisait passer les soins de l'âme avant ceux du corps. Le malade était ensuite conduit ou porté au lit, avec tous les égards dus au « maitre de la maison. »

L'organisation des lits a été un des sujets de plus vive critique contre les anciens hôpitaux. Il serait injuste cependant de supposer, comme on le fait souvent, que dans ces maisons on plaçât toujours plusieurs malades dans un même lit. Si cette manière de faire, peu conforme aux principes de l'hygiène, mais qui avait sans doute pour but d'économiser la place, fut souvent pratiquée, il est inexact de la considérer comme une règle absolue. Le lit unique n'était pas inconnu, loin de là, et en cas de

[1] Vernon, art. 10. « L'en le fera confesser au provoire de l'ostel de ses péchiez. »

[2] Troyes, 79. Des enquêtes publiées par M Coyecque (I, 314 et 329) montrent qu'à Paris et à Meaux, à la fin du xve siècle et au commencement du xvie, les frères s'acquittaient mal de ce devoir.

maladie grave, il était seul employé, à moins que l'encombrement des malades ne s'y opposât : « Soit enjoinct à ceulx qui ont la charge de coucher les malades, dit un règlement de 1494 pour l'Hôtel-Dieu de Paris, qu'ilz mettent les griefz malades, chacun à part soy, en un lit, sans compaignon, si non ou cas que il y en eust si grant multitude que les litz de la maison n'y peussent fournir [1]. » C'est pour assurer ce bien-être aux hospitalisés qu'on voit en 1320 la comtesse Mahaut fonder dix lits garnis pour dix pauvres malades [2]. Plusieurs peintures ou monuments figurés représentent d'ailleurs des religieuses hospitalières soignant un malade couché seul dans un lit. On peut citer par exemple la miniature du grand cueilloir de l'Hôtel-Dieu de Montreuil [3], celle d'un psautier du XIVe siècle qui décrit les œuvres de miséricorde [4], et enfin le sceau de l'hôpital de Théomolin [5].

En somme, la vérité est que les deux systèmes étaient employés concurremment, ainsi que le montre bien la déclaration de temporel de l'Hôtel-Dieu de Noyon (18 mars 1384) : « Item a oudit hospital et Maison Dieu LXX liz, esquelz en y a X grans lis, là où peuent quatre malades couchier aysiément en chacun lit [6]. »

Suivant une ingénieuse remarque de M. J.-M. Richard, c'est surtout dans les Maisons-Dieu consacrées à l'hospitalité de nuit qu'on faisait usage de lits doubles, comme à l'hospice Saint-Jacques de Vendôme [7], dont un vitrail nous montre jusqu'à trois malades couchés ensemble, et il cite à ce propos un texte curieux indiquant qu'à l'hôpital Saint-Julien d'Arras il y avait « vingt-trois lis biaus et blans pour herbergier toutes manières

[1] Coyecque, II, n° 1408.

[2] J.-M. Richard, *Cartulaire de Saint-Jean*, p. XXII et 52 : « Decem lectos munitos de culcitris, pulvinaribus plumeis, lintheaminibus et coopertoris decentibus pro decem infirmis pauperibus. »

[3] Abbé Lefebvre, *La Chartreuse de Notre-Dame des Prés à Neuville-sous-Montreuil-sur-Mer*, 1890, in-12, p. 121.

[4] Bibl. nat., lat. 8846, fol. 156 v° : Un homme couché dans un lit garni d'une couverture bleue à carreaux ; au pied du lit un coffre à ferrures ; à côté deux femmes soignent le malade ou l'exhortent.

[5] Arch. nat., *Collection des sceaux*, n° 9977.

[6] Arch. nat., P 136, fol. 255. Voy. la miniature du livre de Vie active citée par M. Coyecque, p. 16 et 74.

[7] *Congrès archéologique de France*, 1872, p. 195, cité par Braquehay, *Hôtel-Dieu de Montreuil*, p. 90.

de povres, » et que ces lits étaient « si grant » que chaque nuit quatre-vingts pauvres au moins pouvaient s'y étendre [1].

Mêmes renseignements sont fournis par le testament de Jean de Roquignies, bourgeois de Douai, qui fonde un hôpital devant renfermer « sept lits bons et suffisants, où pourront coucher chaque nuit treize pauvres, douze d'entre eux occupant les six premiers lits et le treizième reposant seul dans la septième couche [2]. »

Outre les draps, les lits étaient garnis de matelas, de lits de plume ou couettes, de couvertures, de couvre-pieds fourrés, d'oreillers [3]. Les statuts de l'Hôtel-Dieu de Troyes portent que chaque lit devait être fourni de deux couvertures en été ; l'hiver on en ajoutait une troisième, avec les vêtements du malade. En effet, après avoir déshabillé et couché le nouvel arrivant, on devait soigneusement mettre ses hardes de côté [4], pour les lui restituer à la sortie ; la maison se chargeait de l'entretien de ces habits, qui, la plupart du temps, sans doute, étaient fort misérables [5]. Au besoin elle rachetait ceux que le pauvre avait dû mettre en gage [6]. Les « linceuls » ou draps devaient être entre-

[1] *Cartul. de Saint-Jean en l'Estrée*, p. XXIII.

[2] Arch. nat., JJ 108, n° 286, fol. 162 (4 avril 1376, n. st.). « ....ita quod in dicto hospitali sint continuo et perpetuo et sine defectu septem lecti boni et sufficientes et tresdecim pauperes tales quales venire et jacere voluerunt singulis noctibus, ex quibus pauperibus duodecim jacebunt in sex lectis, videlicet duo in uno, alter vero pro se solus in septimo, proviso tamen quod XIII pauperes predicti qui per unam noctem in dicto hospitali pernotati et hospitati fuerint non possint ibidem pernoctare sequenti nocte, sed, hac preterita, possint ibidem recolligi et hospitari.... »

[3] Voyez les nombreux inventaires conservés dans le registre de visites des hôpitaux du diocèse de Paris (Arch. nat., L 409). — Arch. hospit. de Soissons, n° 322. État de la garde-robe de l' « Ostellerie » de Soissons en 1356 : « Ainssis toutes choses comptées et rabatues, tant de viés comme de nouvel, il demeure en la garde-robe : CVI lis et I coute ; item de toille VII^c IIII^xx et IX aunes ; item X coutes pointes de soye ; item une coute pointe blanche ; item un estret ; item un couvertoirs de toille vauriet ; item LVI couvertoirs des malades ; item as hostes XXXII couvertoirs ; item de draps as malades IX^xx paires ; item de draps as hostes XXXIX paires ; item XLIII orilliers ; item LXXVII coutes pointes as malades ; item I douzaine de touelles. » — Arch. hosp. de Cambrai, comptes de Saint-Julien, 1361 : « A Marvie le cousturière, pour refaire les kuites de l'ostel, les linchiux des malades et autres ouvrages pour tout le tamps de ce compte, XLVIII s. »

[4] Troyes, art 74 ; Angers, 12 ; Vernon, 11.

[5] Compte de Saint-Julien de Cambrai (1375) : « A Jehan Cahet, parmentier et foureur, pour avoir refait et remis appoint les cottes et corsès servans a malades, et avoir doublet et refait plusieurs couvertures et avoir fourré XII couvertures pour les malades, de tous ses oü a vacquiet XXXVI jours au pris de XX d le jour. »

[6] *Ibid.* (1361). « Pour I surcot d'un malade racater as useriers, XX s. »

tenus avec la plus grande propreté ; à Troyes on les lavait chaque semaine et au besoin chaque jour.

Des tapis, de petits « carreaux » pour les pieds, étaient généralement étendus devant les lits [1], et des bassins pour les « nécessités » complétaient le mobilier des malades [2]. Entre les lits, au moins dans certains hôpitaux, étaient tendues des cordes destinées à supporter des rideaux [3]. Ailleurs ils étaient séparés par des boiseries formant des sortes de cellules ; un balcon régnant à une certaine hauteur le long de la muraille permettait alors de surveiller l'ensemble de la salle et de plonger dans ces cellules [4]. On serait tenté de voir une exagération poétique dans la description que l'*Hospital d'amour* donne de l'aménagement de la salle des malades :

Plus belle n'a jusqu'en Thessalle,
Car elle est partout, hault et bas,
Tendue de moult riches draps
Ouvrez d'amoureuses histoires....
Le parement estoit semé
De toutes fleurs qu'on peult penser
Et si estoient encourtiné
Les lictz des draps de bien celer.

Mais différents documents montrent que les « seigneurs malades » étaient entourés d'un certain luxe. Sans parler des peintures qui décoraient les murs et dont des restes sont parvenus jusqu'à nous, comme à Chartres et à Angers [5], il suffit de rappeler que dans l'Hôtel-Dieu de cette dernière ville on recouvrait à certains jours les lits des malades de draps de soie [6], et qu'à

[1] Arch. hospit. de Soissons, 323 : « Quarelès a mestre desoubz les piés. » — Les inventaires donnés par le registre de visites des hôpitaux de Paris, en 1351, mentionnent fréquemment des tapis.

[2] Arch. du Nord. Compte de Saint-Julien de Cambrai (1354) : « Pour palotes de terre pour le nécessité des malades. » — J.-M. Richard, p. 120 : « Pour un bachin pour mettre desous les povres en leur lis, VI s. » (Hesdin, 1322).

[3] J.-M. Richard, p. 120 (Hesdin, 1323). « A Aloul le cordier pour corde mise entour les lis des malades de l'hospital à mettre nappes sus et autres dras linges, VI s. VIII d. »

[4] Viollet-Leduc, *Dictionnaire d'architecture*, v° Hôtel-Dieu, description de l'Hôtel-Dieu de Tonnerre. A Provins existe encore une galerie de ce genre.

[5] *Mémoires de la Soc. d'agriculture d'Angers*. XII, 1869, p. 95. — *Proc.-verb. de la Soc. archéol. d'Eure-et-Loir*. IV (1873), p. 109.

[6] Arch. nat., X[1a], 4786, fol. 126 v° (1403) : « Dit que au temps que Lortier fut fait maistre oudit hostel avoit bien de XII à XIIII[c] francs de revenue et y avoit dras de soie pour parer les liz des malades, qui doivent estre en arches, et les linges aussy qui se doivent gouverner par les officiers.... » — Voy. aussi

Reims on employait à cet usage des toiles brodées dont quelques spécimens subsistent encore aujourd'hui [1].

Malgré les courtines qu'on pouvait y tendre, les grandes salles d'hôpitaux devaient être très froides l'hiver; aussi voit-on que les aumônes attribuées aux Maisons-Dieu par le roi revêtent fréquemment la forme de bois de chauffage à prendre dans les forêts du domaine [2]. Les textes donnent peu de renseignements sur le mode employé pour réchauffer l'atmosphère de la salle; on faisait sans doute généralement usage de ces grandes cheminées qu'on retrouve dans les constructions du moyen âge [3]. Dans les villes du nord, on plaçait devant les malades, pendant l'hiver, une « keminée de fer » qui ne doit être autre chose que notre poêle moderne [4].

3° *Soins donnés aux malades*

Les premiers soins qu'on donnât au malade à son entrée étaient des soins de propreté : avant de le coucher, il était de règle, en effet, de lui laver la tête et les pieds quand son état le permettait [5].

l'inventaire de Soissons cité plus haut. — L'Hôtel-Dieu de Montmorency, en 1351, possédait quatre couvertures de cendal pour les pauvres (Arch. nat. L 409, fol. 22).

[1] Charles Givelet, *Toiles brodées de l'hôtel-Dieu de Reims*, 1883, in-8 : Courtepointe du XIIIe siècle.

[2] Les registres du trésor des chartes renferment de nombreuses donations de ce genre. — Quelquefois le fondateur y pourvoyait, comme Jean de Roquignies pour le *Xenodochium* qu'il organisa à Douai et dont nous avons déjà parlé (JJ 108, n° 286, fol. 162. — 1376) : « Habeantque dicti pauperes singulis noctibus a festo omnium Sanctorum usque ad festum Brandonum duos fasciculos de legatura de Ostricourt ad calefaciendum ipsos. »

[3] La grande salle qui parait avoir servi d'hôpital à l'abbaye d'Ourscamp offre une cheminée de ce genre. Viollet-Leduc, *Dict. d'archit.* — Arch. nat., KK 1338, n° 95. Devis de charpenterie de 1439 : « .... Pour sa paine et sallere d'avoir fait de sondit mestier de carpenterie en l'ostel-Dieu du Pont de l'Arche.... trois articlz de cheminée l'une saingle et l'autre double et avoir fait tous les amoiremens desdites trois cheminées.... »

[4] J.-M. Richard, *Cartul. de Saint-Jean*, p. 122 (compte d'Hesdin en 1333) : « Pour refaire le keminée de fer qui est devant les malades en l'iver : XX d. »

[5] Troyes, art. 73. — J.-M. Richard, *Cartul. de Saint-Jean*, p. 120 (Hesdin, 1322) : « Pour un cuveron pour laver les piés des malades, XIII d. » — Deschamps de Pas, *les Établissements hospitaliers de Saint-Omer*, p. 406 (Règlement de l'Hôp. Saint-Louis en 1427) : « Item, quant aucuns povres viennent premièrement à l'ospital et il semble qu'il soit mestier que ses piez soient lavez, on lui laveche les piés. » — Arch. nat., L 453, n° 25, fol. 18 : « Omni die sabbati summo mane debent lavari pedes infirmorum quando pulsatur ad missam matutinalem. »

Il est probable qu'ensuite intervenait le personnage du médecin, comme cela se passe dans l'*Hospital d'amour :*

Illec trouvay un beau lict faict
Où Courtoisie me coucha :
Et quant elle eut de moy parfaict,
Espoir, le médecin, hucha,
Qui tantost vers moy s'adrecha
Et sentit mon poux droicte voye,
Et puis sans faillir me noncha
Prestement quel douleur j'avoye.... :
« Te donray à ma revenue
Ung breuvage de tel racine
Que se ta douleur ne remue,
Jamay ne croy en médecine. »
Lors se départ et je remains.
Quant il eut fait, il retourna,
S'empole tenoit en ses mains
En quoi buvrage si bon a.
Grace en ait, il m'en donna
Ung bon trait au pot, sans verser.

Mais nous en sommes, sur ce point, presque uniquement réduits aux conjectures; les différents textes tels que statuts, comptes, etc., fournissent très peu de renseignements sur le rôle des « mires [1]. » Ils parlent quelquefois des barbiers chargés de faire les saignées [2], de l'achat de quelques médicaments [3], de la confection de certaines tisanes [4], mais des médecins proprement dits on sait fort peu de chose. A l'Hôtel-Dieu de Paris, il paraît vraisemblable, comme le suppose M. Coyecque, que les soins étaient donnés aux malades par le médecin du roi. Dans

[1] Notons cependant cette mention, signalée, avec tant d'autres textes curieux, par M. Richard, dans son *Cartulaire de Saint-Jean* (p. XXVI) : « Pour le salaire d'un mire pour warir I apostun que Miquiex Boutine avoit, qui fut malades X semaines. »

[2] *Ibid.*, p. 111 (compte de Gosnay, 1339-1340) : « Pour le salaire du barbier de rere et de sainier pour toute l'année. — Comptes de Saint-Julien de Cambrai (1361) : « Au barbieur pour tout le tamps de ce compte pour rere les sereurs et les malades de l'ostel : XL s. »

[3] Arch. hospit. de Beauvais, E 9 (1377). « A Laurens Lance pour IIII livres et demie de vint et II onches et demie de vif argent, VI s. VIII d. » — J.-M. Richard, p. 117 (Compte de Saint-Jean, 1336) : « Pour VIII livres d'estoupes pour les navrés, XXVII d. » — Arch. hospit. de Soissons, 323, fol. 2 (1390-1391) : « Pour sucre rosat.... »

[4] Arch. nat., JJ 86, n° 603 (mars 1359, n. st.). Privilège accordé à l'hôtel-Dieu Saint-Gervais de Paris « cum pietatis opera misericorditer impleantur ibidem.... infirmantibusque et egrotis Parisius degentibus tisannam largiri teneantur. »

les autres établissements, surtout dans les principaux, il paraît évident qu'il y avait un service médical organisé, comme on le constate dans les hôpitaux de Saint-Jean de Jérusalem [1] et de Saint-Jacques du Haut-Pas, où des médecins étaient chargés d'examiner fréquemment et soigneusement les malades, de rechercher leur mal, d'analyser les urines, d'ordonner les sirops, les potions et autres remèdes, de surveiller enfin la nourriture des malades [2]; mais, encore une fois, les documents ne nous fournissent aucune indication sur ce point. On serait volontiers tenté de supposer qu'en certains cas ce silence s'explique par le fait que les religieux hospitaliers se contentaient d'appliquer eux-mêmes les soins dont leur expérience leur avait appris l'efficacité. S'il en avait été ainsi, on ne saurait vraiment les en blâmer, étant donné ce qu'on connaît de la médecine du moyen âge; mais le soin jaloux que la corporation des médecins mettait à défendre ses prérogatives ne permet guère de croire que cette hypothèse se soit fréquemment réalisée, au moins dans les villes de quelque importance [3].

Les soins que les sœurs distribuaient aux malades, de jour et de nuit, devaient donc généralement se borner aux soins de gardes-malades. C'était cette assistance de tous les instants, ces mille attentions qui sont si précieuses à ceux qui souffrent et que la charité enseigne si bien aux femmes. Elles devaient aider les malades à se lever et à se recoucher quand ils étaient obligés de descendre de leurs lits [4], les revêtir de pelisses et de bottes, et soutenir leurs pas quand ils allaient « aux chambres nécessaires [5], » les assister dans leur toilette quotidienne [6], refaire leurs lits et veiller à ce que les draps en fussent toujours

[1] Delaville-le-Roulx, *Cartulaire des Hospitaliers*, I, 425.

[2] Arch nat, L 453, n° 25. Règle de Saint-Jacques du Haut-Pas : « *De medicis et cirurciis*.... Medici attentius et frequenter circumspiciant infirmorum qualitates et quaque laboraverunt egritudine, intuendo urinas, siroppos ministrando, utilia, electuaria et alia necessaria infirmis remedia, prohibendo nociva, ministrando utilia et quanto infirmos vident et debiles tanto ad sanitatem eorum restituendam sint paratiores.... »

[3] Coyecque, I, 101, procès intenté, en 1322, à une femme qui exerçait la médecine.

[4] Saint-Pol, art. 5; Vernon, 5.

[5] Paris, art. 23.

[6] J.-M. Richard, *Cartulaire*, p. 122 et 123 (comptes d'Hesdin, 1333 et 1335) : « Pour une caienne de fer à pendre le lavoir de le sale, III d. — Essuioirs pour pendre en le sale. »

« nets et blancs [1]. » Enfin, et c'est un des devoirs sur lesquels insistent la plupart des statuts, elles servaient le repas des pauvres avant de prendre elles-mêmes leur réfection. Là, comme dans tous les rapports qu'elles avaient avec les malades, elles étaient tenues de se montrer pleines de prévenance, de douceur et de respect [2]. Dans tous les hôpitaux, comme le répètent à l'envi les règles hospitalières, les malades sont les seigneurs de la maison, et doivent être traités avec dévotion et révérence, puisque ce qu'on fait pour eux, Jésus-Christ le considère comme fait à lui-même [3].

Non seulement la nourriture des pauvres doit être aussi bonne que celle des religieux, car « il ne serait pas juste que les maîtres soient privés quand les serviteurs sont dans l'abondance [4], » mais elle doit être plus soignée et plus recherchée [5], si leur état l'exige. Les hospitaliers de Saint-Jean de Jérusalem avaient pour principe de donner aux malades tout ce qu'ils désiraient, pourvu qu'on pût se le procurer et que cela ne fût pas nuisible à leur santé. Cette règle passa dans la plupart des statuts d'hôpitaux, et les différents comptes qu'on a conservés montrent que cet article n'est pas resté lettre morte. A Beauvais, par exemple, pendant l'exercice 1379-1380, la majorité des mets un peu recherchés, tels que viande de mouton, poisson, écrevisses, lait, pommes, figues et raisins, tartelettes, sont indiqués comme ayant été achetés pour les malades [6]. A Saint-Nicolas de Troyes, à l'Hôtel-Dieu de Soissons, on leur fournit du sucre, des épices, des figues, des amandes. A Saint-Julien de Cambrai, en 1361, on constate l'achat de cervoise, de vin, de pain blanc, de figues, pommes, poires, noix, cerises et nèfles, dans le même but [7]. Des

[1] Lille, II, art. 5. « Se li prieuse est trouvée neggligens...., en reprendre les sereurs ki meffont en pourveir les necessités et les désiriers des malades, de faire warder et conforter les malades..... en refaire les lis en lincheus nes et honiestes et couvretoirs, et faire les bains à chiaus qui mestier en ont. »

[2] Angers, art. 8 ; Troyes, 85 — Deschamps de Pas, Règlement de Saint-Louis (1427) : « La maistresse soit tres soigneuse que les malades soient servys et doulcement appareillez et souefment traittiez. »

[3] Lille, II, art 1. « A l'offisce le prieuse partient par li ou par autres toute diligence à voir et warder les malades et honorer si cum signeurs et servir à aus si cum a Diu. » — Pontoise et Vernon, prologue.

[4] Troyes, art. 50 : « Non est bonum dominos egere et servos splendide vivere. »

[5] Angers, art. 9.

[6] Arch. hospit. de Beauvais.

[7] Arch. hospit. de Cambrai. Comptes de Saint-Julien (1361). — *Ibid.* (1377).

fondations spéciales étaient faites quelquefois pour faciliter aux maisons-Dieu les moyens de satisfaire les désirs des pauvres. Au même hôpital de Saint-Julien, cinq pitances avaient été fondées pour les malades, une de vin et deux de poisson d'eau douce [1].

A Abbeville, Godefroy Cholet, proviseur de l'Hôtel-Dieu, avait donné, en 1233, 60 sous de cens, pour permettre de distribuer, le 1er et le 2 des calendes de chaque mois, aux personnes les plus malades les mets qui leur feraient le plus de plaisir [2].

A Paris, de nombreuses donations de ce genre sont consignées dans le cartulaire de l'Hôtel-Dieu [3].

A Saint-Germain-en-Laye, en 1336, on voit les frères et les sœurs de la Maison-Dieu obtenir du roi la modification d'une redevance établie sur une vigne qui leur appartenait, afin de pouvoir sans difficulté distribuer les fruits de cette vigne à « aucunes personnes, femmes acouchées ou malades oudit hostel, qui ont volonté de raisins [4]. »

Dans un de ses sermons à des religieux hospitaliers, Jacques de Vitry leur recommande de ne satisfaire qu'avec prudence les désirs des malades en ce qui concerne la nourriture. « Souvent, dit-il, les hospitaliers, dans une intention charitable, dépassent la mesure; ils vont le long du lit des malades, demandant à l'un et à l'autre ce que chacun désire boire ou manger; dans leur ignorance et leur simplicité, les pauvres ne consultent que leur goût, demandent du vin et de la viande, bien qu'ils soient atteints de fièvre violente, et cette nourriture trop forte occasionne leur mort. » — « Vous n'avez pas plus le droit, ajoute-t-il, de leur donner des aliments contraires à leur santé, que vous ne devriez laisser une épée entre les mains d'un fou furieux [5]. »

La règle des hospitaliers de Saint-Jacques du Haut-Pas, qui était en vigueur à l'hôpital de ce nom à Paris [6], entre dans de

« Pour espisses et pluseurs autres cozes pour malades. » — Bibl. nat., lat. 9111, fol. 291 v°. Comptes de Saint-Nicolas de Troyes : « Pro amigdalis, pipere et aliis apothecis, IIII l. XI s. » — Arch. hospit. de Soissons, 323 (1390-1392).

[1] Comptes de Saint-Julien de Cambrai (1361).

[2] Louandre, *Hôtel-Dieu d'Abbeville*, p. 31.

[3] Briele, *Les archives de l'Hôtel-Dieu*, n°s 40 (1193), 75 (1204), 76, 78, 79, 109, 208.

[4] Arch. nat., JJ 70, fol. 3, n° 5.

[5] Bibl. nat., lat. 17509, fol. 79 v°.

[6] C'est des archives de cet hôpital que provient le manuscrit de la règle auquel nous empruntons les indications qui vont suivre (Arch. nat., L 453, n° 25).

nombreux détails sur la nature des aliments qu'on doit donner aux malades suivant les saisons : de Pâques à la Saint-Michel, volailles, viande d'agneau ou de chevreau ; de la Saint-Michel au carême, on ajoute la viande de jeune porc. La raison nous échappe qui fait proscrire en tous temps la viande des animaux femelles, mais on comprend mieux que de la nourriture du carême soient écartés les anguilles, les lentilles, les fèves, les choux, considérés comme d'une digestion trop difficile.

Naturellement, d'ailleurs, les règles de l'Église sur l'abstinence et le jeûne souffraient des exceptions quand il s'agissait de maladies graves. A Aubrac, d'une façon générale, elles n'étaient pas appliquées aux pauvres hospitalisés, et l'on voit, à la fin du xve siècle, Innocent VIII en dispenser ceux de l'Hôtel-Dieu de Troyes, « pour que les malades recouvrent plus facilement la santé [1]. »

Le texte des statuts de l'Hôtel-Dieu d'Angers [2] permet de bien se représenter comment se passait le repas des malades. A l'heure fixée, une cloche sonnait pour prévenir les sœurs : toutes aussitôt, sans exception, devaient se rendre à cet appel pour servir les pauvres. On distribuait aux malades des cottes et des chaperons pour qu'ils ne se refroidissent pas pendant le repas [3] ; puis on procédait à l'ablution des mains ; les sœurs, une serviette au cou, passaient devant les lits des pauvres et leur présentaient l'eau, comme c'était alors l'usage pour toutes les personnes de distinction avant le repas. La pitance, préparée à la cuisine dans un grand pot de fer ou dans des poêles [4], était alors apportée dans la salle ; les sœurs distribuaient aux malades des écuelles et des cuillers de bois ou d'étain, des hanaps de bois [5], leur ré-

[1] Guignard, *l'Hôtel-Dieu le Comte*, p. XXIII. Dispense accordée à la demande du maître, Nicolas Forjot.

[2] Art. 8.

[3] Pontoise, art. 11 ; Vernon, 11.

[4] J.-M. Richard, *Cartulaire* (comptes d'Hesdin, 1323), p. 120 : « Pour trois louches de fer pour le pot du fournel et l'autre pour drechier les malades à mengier, V s. » — Voyez, pour tout ce qui concerne la vaisselle, les nombreux inventaires mobiliers du registre de visites du diocèse de Paris (Arch. nat., L 409).

[5] J.-M. Richard, *ibid.*, p. 110 (1312) : « Pour III carterons d'escueles pour les malades, III s. » — « Pour I cent de louces pour les malades, XI d. » P. 120, 121 et 123 (1326 et 1341) : « Pour platines et escueles et pour hanas de bos avecue les malades, III s. VI d. ; hanepiaus pour boire les malades. » — Comptes de Saint-Julien de Cambrai (1361) : « Item pour demi-cent d'escuelles et demi-cent de louches de bos pour les malades, X s. »

partissaient les aliments et les servaient, coupant leur pain et leur prêtant l'assistance dont ils avaient besoin. Les frères qui n'étaient pas retenus par les affaires de la maison devaient prendre aussi leur part de cet office de charité. C'est seulement quand le repas des malades était fini que sonnait celui des religieux et des religieuses.

La mission du personnel hospitalier ne se bornait pas à entourer les malades de soins matériels : les frères et les sœurs devaient songer à l'âme des pauvres, leur prodiguer des consolations et des encouragements, les exciter à remplir leurs devoirs religieux et à recourir aux sacrements quand leur état de santé s'aggravait [1]. Ils se seraient rendus coupables d'une faute grave si, par leur négligence, un malade était mort sans les secours de la religion [2].

La plupart des statuts insistent sur la solennité avec laquelle le saint Viatique devait être porté dans la salle. Citons, à titre d'exemple, ce qu'en disent les constitutions de Vernon : « Prumierement l'an sonra la campanele en la chapele por ceu que tuit et toutes, sain et malade, soient devost et appareillié à orer et à ennorer à grant révérence le Cors Nostre Seignor. Li prestres qui le portera aura vestu seurpeliz ou aube, se mestiers est. Et devant lui ira clers ou autres qui portera le eaue beneoite en une main, et en l'autre un cerge ardent ou chandoille en lenterne et ausit en retornent. Et les sereurs gardes des malades auront appareillié vin et eaue, et auront couvert le lit au malade desus, por la révérence au Cors Nostre Seignor, de un grant drap blanc et nest, lequel an ostera quant li prestre s'en sera retornez. »

Dans le grand hôpital de Saint-Jean de Jérusalem, à Saint-Jean-d'Acre, puis à Chypre, on récitait chaque soir, dans le « palais » des malades, une prière solennelle. Le prêtre et les clercs se rendaient processionnellement dans la salle, et le sénéchal prononçait une formule d'oraison belle et touchante, où les malades étaient invités à prier pour l'Église, pour les princes chrétiens, pour les voyageurs, pour les bienfaiteurs de l'hôpital, etc. :

« Seignors malades, proiés por la pais, que Dieu la nos mande de ciel en terre.

[1] Pontoise et Vernon, art. 11 ; Troyes, 79.
[2] Vernon, art. 17.

« Seignors, proiés por le fruict de la terre, etc. [1].... »

On retrouve trace de cette coutume dans la règle des Trinitaires, d'après laquelle on devait chaque jour, à la tombée de la nuit, réciter, « dans les hôpitaux dépendants de l'ordre, une prière en commun pour le maintien et la paix de l'Église romaine et de la chrétienté, pour les bienfaiteurs, et pour tous ceux pour qui l'Église a l'habitude de prier. » Nous ne savons pas si les autres hôpitaux de l'Occident avaient adopté cette pratique, mais on peut au moins en rapprocher la prière que les malades de l'Hôtel-Dieu Saint-Julien de Cambrai devaient faire pour leurs bienfaiteurs avant la messe célébrée devant eux par le chapelain et avant l'office du soir [2].

Quand la nuit venait, on allumait dans la salle des malades une ou plusieurs lumières qui devaient briller toute la nuit [3]; des fondations spéciales [4] pourvoyaient souvent aux frais de cet éclairage, prescrit par la majorité des constitutions hospitalières, afin de tromper un peu pour les pauvres alités la longueur des nuits d'insomnie.

Une ou deux sœurs, assistées de servantes, devaient d'ailleurs toujours rester debout, pendant la nuit entière, pour veiller les malades et les assister [5].

Lorsqu'un des pauvres recueillis dans la Maison-Dieu venait

[1] Léon Le Grand, *La Prière des malades dans les hôpitaux de Saint-Jean de Jérusalem*. Paris, 1896, in-8.

[2] Arch. hospital. de Cambrai, n° 365 (1224). « Ad hoc [capellanus] teneatur specialiter promisso quod, missam celebraturus ante introitum, et ante vigilias inceptas, pauperibus hospitalis et populo circumstanti benigne injungat ut pro anima jam dicti episcopi necnon et ipsius archidiaconi capellanie fundatoris et pro predecessoribus ipsorum et omnibus Domus Dei benefactoribus orationem dicant dominicam, qua finita, ante misse introitum subjungat capellanus collectam : Omnipotens sempiterne Deus qui vivorum dominaris, etc. »

[3] Arch. hospit. de Beauvais, E 9 (1377) : « A Laurent Lance pour VI pos d'oelle pour ardoir en la [cha]pelle et en l'ospital pour les malades, XIV s. »

[4] J.-M. Richard, *Cartulaire de Saint-Jean*, p. 6 (1179) : « Willelmus etiam Deucarnir et Mathildis uxor sua III solidos singulis annis dederunt pro animabus suis ad luminaria coram infirmis lucentia. » — Arch. hospital. de Laon, A 2, fol. 93 ; testament de Jean Lefèvre, chanoine (1229) : « Item hospitali Beate Marie ad usum lampadis in domo pauperum totis noctibus ardentis XXX solidos et duos capones qui debentur mihi annuatim super duas pietias prati juxta Jemelliacum »

[5] La plupart des statuts posent ce précepte. A l'Hôtel-Dieu de Paris, au XIVe siècle, un chanoine légua 200 l. p. pour permettre d'augmenter la ration de vin qu'on donnait aux sœurs chargées de ces veilles, afin de soutenir leurs forces (Coyecque, I, 291).

à mourir, la communauté récitait des prières à son intention [1], et une messe était célébrée pour ses obsèques [2], auxquelles assistaient les frères et les sœurs [3].

L'usage courant à cette époque n'était pas de renfermer le corps dans un cercueil ; c'était un luxe réservé aux personnes riches [4] ; le cadavre était simplement enveloppé dans un linceul, qu'on liait solidement par-dessus, comme on ficelle un ballot. La miniature de l'hôpital Aufrey, à La Rochelle, montre une religieuse en train de se livrer à cette opération.

Si au contraire le malade recouvrait la santé, la maison devait le garder une semaine encore après sa guérison [5], de peur qu'un renvoi prématuré n'occasionnât une rechute. Au moment de son départ, on lui rendait les habits et autres effets qu'il avait apportés avec lui, sans pouvoir rien retenir [6] : la dette contractée envers l'Hôtel-Dieu par celui qui avait profité de son hospitalité n'était qu'une dette de reconnaissance. A l'honneur des établissements charitables comme à celui des personnes secourues, on voit que cette dette n'était pas oubliée. On peut par exemple citer à ce sujet l'acte de gratitude de Jean de Lieux, qui, pour remercier l'Hôtel-Dieu de Pontoise des soins qu'il y avait reçus pendant une longue maladie, lui donna, en 1291, une maison qu'il possédait en cette ville [7].

Les innombrables legs qu'on trouve en faveur des Hôtels-Dieu dans les testaments du moyen âge sont la meilleure preuve de l'estime dans laquelle ils étaient tenus par leurs contemporains. Il est rare, à cette époque, qu'un bourgeois meure sans laisser quelque somme d'argent à l'hôpital où il a vu, pendant sa vie, pratiquer « toutes œuvres de miséricorde [8]. »

Léon Le Grand.

[1] Vernon, art. 17.
[2] Troyes, art. 77.
[3] Le Puy, art. 10. — A Paris, où la mortalité de l'hôpital était considérable, les funérailles des pauvres étaient fort simples (Coyecque, I, 112).
[4] *Ibid.*, p. 115.
[5] Presque tous les statuts portent cette prescription.
[6] Vernon, art. 11 ; Troyes, 74 ; Angers, 12.
[7] Depoin, *Cartulaire de l'hôtel-Dieu de Pontoise*, n° CXII.
[8] Arch. nat., X^{1A} 4789, fol. 265 v° (mai 1412, plaidoirie pour l'hôpital Saint-Jean en l'Estrée d'Arras) : « Toutes œuvres de miséricorde se font oudit hospital. »

www.ingramcontent.com/pod-product-compliance
Lightning Source LLC
LaVergne TN
LVHW091122150826
845673LV00002B/935

* 9 7 8 2 3 7 6 6 4 4 8 2 8 *